plurall

Parabéns!
Agora você faz parte do **Plurall**, a plataforma digital do seu livro didático! Acesse e conheça todos os recursos e funcionalidades disponíveis para as suas aulas digitais.

Baixe o aplicativo do **Plurall** para Android e IOS ou acesse **www.plurall.net** e cadastre-se utilizando o seu código de acesso exclusivo:

AASDZZPEH

Este é o seu código de acesso Plurall. Cadastre-se e ative-o para ter acesso aos conteúdos relacionados a esta obra.

@plurallnet

@plurallnetoficial

SOMOS EDUCAÇÃO

PORTUGUÊS: LINGUAGENS

4

William CEREJA
Professor graduado em Português e Linguística e licenciado em Português pela Universidade de São Paulo (USP)
Mestre em Teoria Literária pela Universidade de São Paulo (USP)
Doutor em Linguística Aplicada e Análise do Discurso pela Pontifícia Universidade Católica de São Paulo (PUC-SP)
Professor da rede particular de ensino em São Paulo, capital

Carolina Dias VIANNA
Professora graduada e licenciada em Português pela Universidade Estadual de Campinas (Unicamp-SP)
Mestra em Linguística Aplicada pela Universidade Estadual de Campinas (Unicamp-SP)
Doutora em Linguística Aplicada pela Universidade Estadual de Campinas (Unicamp-SP)
Professora das redes pública e particular de ensino em São Paulo e Minas Gerais

Paula BARACAT De Grande
Graduada e licenciada em Letras pela Universidade Estadual de Campinas (Unicamp-SP)
Mestra em Linguística Aplicada pela Universidade Estadual de Campinas (Unicamp-SP)
Doutora em Linguística Aplicada pela Universidade Estadual de Campinas (Unicamp-SP)
Professora no ensino básico e no ensino superior em São Paulo e no Paraná

Atual Editora

Editora Saraiva

Presidência: Mario Ghio Júnior

Vice-presidência de educação digital: Camila Montero Vaz Cardoso

Direção editorial: Lidiane Vivaldini Olo

Gerência de conteúdo e design educacional – Soluções completas: Viviane Carpegiani

Edição: Fernanda Vilany, Mônica Rodrigues de Lima e Paula Junqueira

Preparação de texto: Noé Gonçalves Ribeiro

Planejamento e controle de produção: Flávio Matuguma (ger.), Juliana Batista (coord.) e Jayne Ruas (analista)

Revisão: Letícia Pieroni (coord.), Aline Cristina Vieira, Anna Clara Razvickas, Brenda T. M. Morais, Carla Bertinato, Daniela Lima, Danielle Modesto, Diego Carbone, Kátia S. Lopes Godoi, Lilian M. Kumai, Malvina Tomáz, Marília H. Lima, Paula Rubia Baltazar, Paula Teixeira, Raquel A. Taveira, Ricardo Miyake, Shirley Figueiredo Ayres, Tayra Alfonso e Thaise Rodrigues

Arte: Fernanda Costa da Silva (ger.), Catherine Saori Ishihara (coord.), Meyre Diniz (edição de arte)

Diagramação: Arte4

Iconografia e tratamento de imagem: Roberta Bento (ger.), Claudia Bertolazzi (coord.), Cristina Akisino (pesquisa iconográfica) e Fernanda Crevin (tratamento de imagens)

Licenciamento de conteúdos de terceiros: Roberta Bento (ger.), Jenis Oh (coord.), Liliane Rodrigues, Raísa Maris Reina e Cristina Akisino (analistas de licenciamento)

Ilustrações: Biry Sarkis, Filipe Rocha, Giz de Cera, Hélio Senatore, Ilustra Cartoon, Jean Galvão, Jefferson Galdino, Ricardo Dantas e Roberto Weigand

Design: Erik Taketa (coord.) e Talita Guedes da Silva (proj. gráfico e capa)

Foto de capa: Prostock-studio/Shutterstock, Mariia aiiraM /Shutterstock e DOME STUDIO/Shutterstock

Avenida Paulista, 901, 6º andar – Bela Vista
São Paulo – SP – CEP 01310-200
http://www.somoseducacao.com.br

Dados Internacionais de Catalogação na Publicação (CIP)

Cereja, William Roberto
Português linguagens 4º ano / William Roberto Cereja, Carolina Dias Vianna, Paula Baracat De Grande. - 8. ed. - São Paulo : Atual, 2021.

Suplementado pelo manual do professor
Bibliografia
ISBN 978-85-5769-236-7 (aluno)
ISBN 978-85-5769-241-1 (professor)

1. Língua portuguesa (Ensino fundamental) I. Título II. Vianna, Carolina Dias III. De Grande, Paula Baracat

21-1314 CDD 372.6

Angélica Ilacqua – Bibliotecária – CRB-8/7057

2021
8ª edição
1ª impressão
De acordo com a BNCC.

Impressão e acabamento

Oceano Indústria Gráfica e Editora Ltda
CNPJ: 67.795.906/0001-10
Rua Osasco, 644 - Rod. Anhanguera, Km 33
CEP 07753-040 - Cajamar - SP

Uma publicação SOMOS EDUCAÇÃO

APRESENTAÇÃO

CARO ESTUDANTE:

NÓS, AUTORES, ESCREVEMOS ESTE LIVRO PENSANDO EM VOCÊ.

VOCÊ QUE NÃO PASSA UM DIA SEM PERGUNTAR "POR QUÊ?".

VOCÊ QUE GOSTA DE BRINCAR, DE APRENDER, DE TROCAR IDEIAS COM OS AMIGOS SOBRE MIL ASSUNTOS, DE DAR OPINIÕES SOBRE TUDO...

VOCÊ QUE ESTÁ COMEÇANDO A PERCORRER O CAMINHO DAS PALAVRAS ESCRITAS E SE ENCANTA COM AS BONITAS HISTÓRIAS QUE OS LIVROS CONTAM, COM OS SONS DAS PALAVRAS NOS VERSOS E NÃO DISPENSA UMA HISTÓRIA EM QUADRINHOS.

VOCÊ QUE SE "LIGA" NO MUNDO, GOSTA DE LER, DE ESCREVER, DE OUVIR MÚSICA, DE ASSISTIR À TELEVISÃO E A FILMES E NÃO PERDE A OPORTUNIDADE DE NAVEGAR NA INTERNET.

E TAMBÉM VOCÊ QUE, CHEIO DE VIDA E IMAGINAÇÃO, ADORA PARTICIPAR DE UM TRABALHO DIFERENTE COM A TURMA: BRINCAR DIFERENTES TIPOS DE BRINCADEIRA, PRODUZIR UM LIVRO DE HISTÓRIAS, DESENHAR UMA HISTÓRIA EM QUADRINHOS, FAZER TEATRO DE FANTOCHES, DECLAMAR POEMAS, CANTAR, PESQUISAR SOBRE ASSUNTOS VARIADOS, MONTAR UMA EXPOSIÇÃO, ETC., ETC.

ESCREVEMOS ESTE LIVRO PENSANDO EM VOCÊ, QUE GOSTA DE SE COMUNICAR E, POR MEIO DA LEITURA E DA ESCRITA, PRETENDE APERFEIÇOAR SUA CAPACIDADE DE INTERAGIR COM AS PESSOAS E COM O MUNDO EM QUE VIVE.

UM ABRAÇO,
OS AUTORES

PARA TODOS OS PROFESSORES
E PROFESSORAS QUE
COMPARTILHAM O SONHO DE
EDUCAR E TRANSFORMAR.

AGRADECIMENTOS

AGRADECEMOS, COM UM CARINHO ESPECIAL, A NOÉ G. RIBEIRO, QUE EDITOU ESTA OBRA COM EMPENHO INCOMUM E COM INDISPENSÁVEIS SUGESTÕES; A MÔNICA RODRIGUES DE LIMA, PAULA JUNQUEIRA E FERNANDA VILANY, PELO APOIO INCONDICIONAL; A CRISTINA AKISINO, PELA CUIDADOSA E CRIATIVA PESQUISA ICONOGRÁFICA. E A TODOS OS PROFESSORES DO PAÍS QUE NOS ENVIARAM SUGESTÕES E CRÍTICAS.

SUMÁRIO

UNIDADE 1

VIVA A DIFERENÇA!

Se olharmos à nossa volta, veremos que somos mesmo muito diferentes. Gordos, magros, negros, amarelos, brancos, baixinhos, altos... Há os que enxergam pela visão e os que enxergam por meio de outros sentidos; uns se comunicam apenas por meio de gestos e expressões faciais, outros se comunicam também falando e ouvindo; uns correm usando as duas pernas e outros correm sobre duas rodas... E haja diferenças! Não podemos deixar que as diferenças impeçam as pessoas de se relacionar, se respeitar, ser amigas e viver bem juntas.

Luciana Whitaker/Pulsar Imagens

FG Trade/E+/Getty Images

FatCamera/E+/Getty Images

Prostock-studio/Shutterstock

Jean Galvão/Arquivo da editora

Imagine a paz

[...]
Um dia eu imaginei
um mundo sem terrorismo,
sem preconceito nenhum,
sem vingança, sem racismo,
sem a tal intolerância
munida pela ganância
e tanto individualismo.
[...]

Um dia eu imaginei
um jornal com a matéria:
O mundo hoje está livre
de toda fome e miséria
que as guerras têm causado
deixando o homem curado
dessa doença tão séria.

Nesse mundo, todo mundo
sabia se respeitar,
cada um com sua fé,
com seu jeito de pensar,
buscando fazer o bem
sem fazer mal a ninguém,
procurando melhorar.

[...]
Parece até fantasia,
difícil de acreditar.
Há quem diga que é
[bobagem,
que é loucura imaginar.
Mas não perco a esperança,
é imaginando a mudança
que se começa a mudar!

(Bráulio Bessa. *Poesia que transforma* [recurso eletrônico]. Rio de Janeiro: Sextante, 2018. p. 187-189.)

DIVIRTA-SE... E FIQUE POR DENTRO!

FILMES E VÍDEO

Reprodução/Walt Disney Pictures Walt Disney Animation Studios

- *Zootopia*, de Byron Howard e Rich Moore. A coelha Judy sonha em se tornar policial em uma sociedade conservadora e preconceituosa e tem de lidar com vários problemas, que também fazem parte da nossa sociedade atual. A animação discute o preconceito e sugere a tolerância e a coragem como formas de buscar novas experiências.
- Assista também aos filmes *Monstros S.A.* e *Universidade Monstros*, de Dan Scanlon; *Matilda*, de Danny DeVito; *Shrek*, 1, 2 e 3, de Andrew Adamson e Vicky Jenson; *A Bela e a Fera*, de Gary Trousdale e Kirk Wise; *Castelo Rá-Tim-Bum, o filme*, de Cao Hamburger; e o curta-metragem *Cordas*, de Pedro Solís García, uma história curta e emocionante sobre amor e inclusão social, disponível na internet.

MÚSICAS

- Ouça as músicas "Pé de nabo" e "África", do CD *Pé com pé*, de Sandra Peres e Paulo Tatit. Ouça também "Deveres e direitos", do CD *Canção de todas as crianças*, de Toquinho e Elifas Andreatto (Polygram).

SITES

- https://imprensajovem10.wordpress.com/
- http://www.acordacultura.org.br/
- http://www.museudoindio.gov.br/

LIVROS

Reprodução/Editora Galera

Vá à biblioteca da escola ou à biblioteca do bairro ou da cidade onde você mora e veja se os livros indicados a seguir estão disponíveis para empréstimo. Se não estiverem, selecione outros sobre o tema desta unidade.

- *A terra dos meninos pelados*, de Graciliano Ramos (Galera Record).
  O livro conta a história do menino Raimundo, que é diferente de todos os outros meninos: é careca e tem um olho azul e o outro preto. Por isso, seus vizinhos fogem dele, não brincam com ele e o apelidam de Raimundo Pelado. Sem amigos, Raimundo começa a falar sozinho e cria um país imaginário chamado Tatipirun. Lá, ele encontra vários seres encantadores.

Reprodução/Editora IBEP

- Leia também: *Menina bonita do laço de fita*, de Ana Maria Machado (Ática); *Todas as cores do negro*, de Arlene Holanda; *Olívia não quer ser princesa*, de Ian Falconer (Globinho); *A cor da ternura*, de Geni Guimarães (FTD); *Menino brinca de boneca?*, de Marcos Ribeiro (Salamandra); *Escolas como a sua — Um passeio pelas escolas ao redor do mundo*, de Penny Smith e Zahavit Shalev (Ática); *O cabelo de Lelê*, de Valéria Belém (Ibep).

OFICINA DE CRIAÇÃO

PROJETO: JORNAL MURAL E JORNAL RADIOFÔNICO: *NOSSAS DIFERENÇAS EM NOTÍCIAS*

Produza com os colegas um jornal mural e um jornal radiofônico com entrevistas e notícias sobre a turma, a escola, a cidade e o país.

Giz de Cera/Arquivo da editora

CAPÍTULO 1

SOMOS DIFERENTES E SOMOS CRIANÇAS EM TODO LUGAR

LEITURA DE IMAGEM

Observe o painel de imagens a seguir.

1

Moment RF/Getty Images

2

Alissa Everett Photography/Getty Images

3

pixelfusion3d/E+/Getty Images

4

Juan Silva/Getty Images

1 Nas quatro fotografias, vemos crianças.

a) O que todas estão fazendo?

b) Como as crianças parecem estar se sentindo?

2 Você conhece as brincadeiras retratadas? Tente identificá-las e escreva o nome delas.

3 Os brinquedos e as brincadeiras retratados são simples ou complicados?

4 Observe a fotografia 1.

a) O ambiente parece ser na floresta ou na cidade?

b) As crianças parecem estar à vontade, acostumadas ao ambiente?

c) Esse ambiente é familiar a você ou é diferente daqueles a que você está acostumado?

5 Observe a fotografia 2.

a) Como é o chão do ambiente em que as crianças estão brincando?

____

____

____

b) As construções ao fundo e ao redor das crianças mostram um ambiente urbano ou rural? Simples ou sofisticado?

____

c) As pessoas reunidas têm a mesma idade ou idades diversas?

____

____

____

d) Na fotografia, há meninos e meninas. Como são os cabelos das crianças nessa foto?

____

6 Observe as duas meninas, ao lado, que aparecem na fotografia 3.

a) As roupas são parecidas ou diferentes das que você conhece?

____

____

____

pixelfusion3d/E+/Getty Images

pixelfusion3d/E+/Getty Images

b) Você acha que essa foto foi tirada no Brasil ou em outro lugar do mundo?

____

____

7 Observe a fotografia 4.

a) Em que ambiente as crianças estão?

____

____

b) Há nesse ambiente objetos que você reconhece? Quais?

____

____

____

____

c) As roupas que as crianças estão vestindo são roupas de sair ou de ficar em casa? Que momento do dia parece ser retratado?

____

____

____

____

8 O painel é composto de fotos de crianças dos seguintes países: Tailândia, Quênia, Índia e Inglaterra. Observe o painel novamente, converse com os colegas e responda oralmente: O que podemos afirmar sobre as diferenças e as semelhanças entre crianças no mundo?

PRODUÇÃO DE TEXTO

A NOTÍCIA ESCRITA

Leia a notícia a seguir.

Americana de 10 anos lança camisetas contra o racismo

Cansada de enfrentar episódios recorrentes de racismo na escola, a norte-americana Kheris Rogers decidiu virar o jogo.

Com apenas 10 anos, a moradora de Los Angeles decidiu criar uma linha de camisetas para combater o preconceito e está fazendo muito sucesso.

Chamada de *Flexin In My Complexion* (mostrando minha pele, em tradução livre), a marca tem o objetivo de estimular a autoconfiança de crianças negras.

Kheris começou a ganhar visibilidade quando sua irmã, Taylor Pollard, de 22 anos, compartilhou uma foto sua no Instagram e escreveu: "Ela tem só 10 anos, mas já é uma rainha". A imagem alcançou mais de 30 mil compartilhamentos e 84 mil curtidas.

Robin L Marshall/Getty Images

As reações surpreenderam Kheris, pois elogiavam sua cor e seu cabelo. Foi aí que surgiu a ideia de fazer a grife de camisetas.

Com tamanho sucesso, a norte-americana já possui mais de 22 mil seguidores no Instagram e conquistou a admiração até de famosos, como o rapper Snoop Dogg e a cantora Rihanna.

(*Jornal Joca*. Disponível em: https://www.jornaljoca.com.br/americana-de-10-anos-lanca-camisetas-contra-o-racismo/. Acesso em: 9/2/2021.)

1 Notícia é um texto jornalístico que relata fatos recentes que interessam ao público.

a) Quais são os veículos de comunicação que transmitem notícias?

____

b) Qual é a principal diferença entre os fatos relatados nas notícias e os fatos relatados em outros textos, como fábulas e contos maravilhosos?

____

____

2 As notícias apresentam título e podem conter também subtítulo.

a) Qual é o título da notícia lida? Copie-o.

____

b) A notícia apresenta subtítulo? Se sim, grife-o.

____

c) Qual é a função do subtítulo?

____

____

3 Identifique o verbo do título.

a) Em qual tempo verbal ele está empregado: no presente, no passado ou no futuro?

____

b) O verbo, nesse tempo verbal, constrói o sentido de que:

◯ a garota está lançando a marca de camisetas no momento em que a notícia é publicada.

◯ a garota lançou a marca de camisetas recentemente.

4 Uma notícia geralmente apresenta duas partes. A primeira faz uma espécie de resumo do que vai ser noticiado e procura responder às perguntas: **quem?** (quem fez alguma coisa), **o quê?** (o que aconteceu?), **onde?**, **como?**, **por quê?**.

a) Identifique, no título e no subtítulo, as informações:

- Quem? ___
- O quê? ___
- Por quê? ___

b) Releia o primeiro e o segundo parágrafo do texto.

- Onde o fato ocorreu? ___
- Com que objetivo a menina criou as camisetas?

___

___

5 Nos parágrafos seguintes da notícia, são apresentadas outras informações, que completam a primeira parte da notícia.

Fabio Principe/Shutterstock

a) Na notícia lida, quantos parágrafos desenvolvem o fato noticiado?

___

___

b) O que levou a menina a ter visibilidade na internet?

____

____

____

c) Quais informações do final do texto mostram o sucesso da marca de camisetas criada por Kheris?

____

____

____

____

6 Observe a linguagem empregada na notícia.

a) Ela contém gírias, palavras abreviadas e palavras e expressões próprias da linguagem oral cotidiana?

____

b) Ela está de acordo com a norma-padrão da língua?

____

7 Observe a fotografia que acompanha a notícia.

a) Kheris está vestindo uma camiseta criada por ela. Você acha que a fotografia contribui para a compreensão da notícia?

____

____

____

b) Na fotografia selecionada para compor a notícia, como Kheris parece ser? Assinale:

◯ tímida, insegura e pouco arrumada.

◯ poderosa, segura e arrumada.

8 Jornais e revistas, ao transmitirem suas notícias, geralmente procuram se limitar aos fatos, sem emitir opinião. Apesar disso, é possível identificar nas notícias a opinião de pessoas entrevistadas e, às vezes, até do próprio jornalista que redigiu a notícia. Leia o seguinte trecho da notícia:

> "Com apenas 10 anos, a moradora de Los Angeles decidiu criar uma linha de camisetas para combater o preconceito e está fazendo muito sucesso."

a) Reescreva o trecho, retirando a palavra **apenas**.

____

____

____

b) Agora, reescreva o trecho, substituindo a expressão "Com apenas 10 anos" por "Já com 10 anos".

____

____

____

c) Compare as três versões: O que o emprego da palavra **apenas** mostra sobre a opinião do jornalista a respeito do que a garota fez?

____

____

____

AGORA É A SUA VEZ

Você e os colegas vão produzir um jornal mural e um jornal radiofônico, conforme a orientação do professor, sobre as diferenças entre as pessoas. Os trabalhos da turma serão apresentados na **Oficina de criação**, no final desta unidade.

Neste capítulo, vocês vão criar notícias escritas para o jornal mural as quais serão posteriormente lidas e gravadas para o jornal radiofônico.

Giz de Cera/Arquivo da editora

1. O fato vira notícia

Pensem em um fato relevante ocorrido recentemente na escola, no bairro ou na cidade onde vocês moram e produzam uma notícia relatando esse fato.

Vocês podem noticiar, por exemplo, uma excursão que a turma fez ou vai fazer, uma festa típica da cidade ou da escola, um convidado que a escola recebeu para algum evento, algo que tenha sido criado por um colega (como as camisetas criadas por Kheris), a vitória de um time, uma competição, passeio ciclístico, feira de ciências, *show* musical, apresentação de circo, etc.

2. Diversidade é notícia

Pesquisem fatos relacionados às diferenças entre as pessoas e ao respeito pelo outro e produzam uma notícia. Por exemplo, protestos contra o racismo, campanhas de conscientização pela igualdade, pessoas com deficiência que conseguiram superar desafios ou preconceitos, mulheres que realizaram feitos incríveis, crianças de diferentes locais do mundo que se unem por uma causa.

PLANEJAMENTO DO TEXTO

- Considerem que o público da notícia é formado por crianças como vocês, professores e funcionários da escola, e utilizem uma linguagem adequada a esse público.
- Procurem apresentar no primeiro parágrafo, de forma resumida, as informações principais: O que aconteceu? Com quem? Onde e quando aconteceu? Como e por que aconteceu?
- Criem mais um ou dois parágrafos, desenvolvendo as informações do primeiro. Deem mais informações ou detalhes a respeito do fato, explicando melhor como ele aconteceu, as consequências, etc.
- Usem uma linguagem clara e de acordo com a norma-padrão. Criem frases curtas e diretas.
- Criem um título chamativo para a notícia, utilizando uma frase curta e o(s) verbo(s) no presente. Vocês podem complementar o título com um subtítulo, também direto e breve.
- Fotografem ou busquem imagens que possam ilustrar a notícia e contribuir para a compreensão do fato noticiado.
- Caso optem por digitar a notícia, formatem-na em colunas, deem destaque ao título e insiram a imagem. O professor de Informática ou de Robótica pode auxiliá-los.

REVISÃO E REESCRITA

Façam a revisão da notícia, observando:

- O título que vocês criaram dá ideia do assunto principal da notícia?
- O subtítulo complementa o título de maneira direta e objetiva?
- No primeiro parágrafo do texto, com o título e o subtítulo, estão as informações principais sobre o fato, respondendo às perguntas: **o quê**, **quem**, **quando**, **onde**, **como**, **por quê?**.
- O texto apresenta ao menos um parágrafo complementar, que explica melhor as informações do primeiro?
- A notícia é curta, escrita com linguagem clara e de acordo com a norma-padrão?
- A notícia é acompanhada por uma imagem que contribui para a compreensão do fato noticiado?

Passem o texto a limpo e guardem-no para utilizar no jornal que será apresentado na **Oficina de criação**, no final da unidade.

DIVIRTA-SE

(Disponível em: https://www.gocomics.com/garfield/2018/11/21. Acesso em: 21/2/2021.)

CAPÍTULO 2

MENINOS E MENINAS, SEM PRECONCEITOS

LEITURA

Na escola, Daniel foi apelidado de Zero Zero Alpiste, porque tem as bochechas rosadas (os "zeros") e cobertas de sardas (o "alpiste"). Em casa, aprendeu com seu pai que homem não chora. O menino, então, sempre escondia ou engolia seu choro. Mas Daniel ficou amigo de uma florzinha, chamada de Dorita, que conversava muito com ele e ensinou a ele uma forma diferente de ver as coisas. Descubra o que aconteceu, lendo o texto a seguir:

Biry Sarkis/Arquivo da editora

[...]

Um dia, em casa, Zero Zero Alpiste foi pregar um prego na parede. Tinha pintado um lindo quadro de uma floresta cheia de onças e macacos e queria enfeitar o quarto. Ilana, a irmã mais velha, tinha trazido pro quarto uma escultura de madeira. Daniel se distraiu e... pimba! Mandou o martelo no dedão, bem no lugar que tinha uma ferida.

Biry Sarkis/Arquivo da editora

Foi um berro e um pulo. Pulou da cadeira, agarrou o dedo e foi gritando ui ui, ui por toda a casa. Ilana lembrou da pia do banheiro e lá foi o dedão pra debaixo da torneira.

Enquanto a água molhava o dedo, três lágrimas bem pequeninas foram caindo dos seus olhos. Duas do olho direito e uma do olho esquerdo. Zero Zero Alpiste se viu no espelho e se espantou com aquela água rolando no rosto.

Depois das primeiras lágrimas, vieram outras e outras mais. A dor ardia dentro dele e se transformava em lágrimas. E elas iam saindo e a dor ia passando. Zero Zero Alpiste puxou o dedão de perto da torneira, agarrou um copo e foi colhendo as lágrimas que rolavam como cachoeira.

Aí teve uma ideia e correu para o jardim. Marcou um quadradinho no canteiro e derramou as lágrimas do copo. Pegou uma pedra azulada e colocou em cima.

— Enterrei minhas lágrimas — explicou para Ilana. — Assim eu não vou chorar mais.

Três dias depois, a pedra azulada não estava mais no canteiro. Bem naquele lugar, tinha nascido uma flor amarela.

[...]

Um dia, ela [a florzinha] perguntou:

— Você disse que não chora porque é homem. Mas, afinal, por que homem não chora?

— Porque homem tem de ser forte.

— Mas homem não sente dor?

Zero Zero Alpiste se lembrou da martelada no dedo e respondeu:

— Sente!

— Então! — falou a florzinha. - Quando você se machuca, você sente dor. E onde é que fica a dor?

— Bem, fica no lugar machucado e depois vem pra cá.

— E apontou o peito.

— Pois é — disse a florzinha. — A dor entra na gente. E só vai sair quando a gente botar ela pra fora. Com as lágrimas. Então, quando você sente uma dor muito forte, é claro que você tem de chorar! Senão não passa!

[...]

Ainda olhando para a cara da flor, Zero Zero Alpiste caiu na maior choradeira. Tinha lágrimas que não cabiam mais em si. Elas rolaram, formando uma poça aos pés da flor.

— Ei, Alpiste, o que é que houve? — perguntou Dorita, espantada.

— Tô botando a dor pra fora. E eu lá quero carregar toda essa dor pesada dentro de mim?!

(Mirna Pinsky. *Zero Zero Alpiste*. 17. ed. São Paulo: Formato, 2014.)

OS SENTIDOS DO TEXTO

1 Daniel, também chamado de Zero Zero Alpiste, pintou um quadro.

a) O que ele queria fazer com o quadro?

____

____

b) O que aconteceu que o fez se machucar?

____

____

____

2 Ilana, a irmã de Daniel, o levou para o banheiro e ele colocou o dedão embaixo da água e três lágrimas pequeninas caíram dos olhos dele.

a) Que efeito as lágrimas tiveram sobre a dor?

____

____

b) O que Daniel fez com as lágrimas dele?

____

____

3 Por que ele ficou espantado ao ver as próprias lágrimas no espelho?

____

____

____

____

QUEM É MIRNA PINSKY?

Mirna Pinsky nasceu em São Paulo (SP). Formou-se em jornalismo pela Faculdade Cásper Líbero e fez mestrado em Teoria Literária na Universidade de São Paulo (USP). Mirna começou a escrever poemas ainda criança e publicou seu primeiro livro para crianças em 1978. Hoje, já são 49 livros publicados, entre títulos infantis e juvenis. Recebeu vários prêmios literários, entre eles dois Jabuti (1981 e 1995) e o Prêmio da Academia Brasileira de Letras infanto-juvenil 2013.

Christoph Derendinger/Acervo da escritora

4 No quarto parágrafo, o texto faz uma comparação para dar uma ideia de como foi o choro de Daniel.

a) Com o que o rolar das lágrimas foi comparado?

____

b) Essa comparação constrói a ideia de que ele chorava muito ou pouco?

____

5 Daniel enterrou as lágrimas dele.

a) Por que ele fez isso?

____

____

b) Por que Daniel colocou uma pedra azul no local em que as lágrimas foram enterradas?

____

____

George.vng/Shutterstock

6 No local onde Daniel enterrou as lágrimas, nasceu uma florzinha. Conversando com ela, ele revela o que pensa sobre uma atitude geralmente adotada pelos homens.

a) Por que Daniel não chora?

____

____

b) Que pergunta da florzinha faz Daniel se lembrar da martelada no dedão?

____

c) De acordo com a florzinha, o que as lágrimas fazem com a dor?

____

7 A florzinha Dorita pergunta a Daniel onde fica a dor, e ele aponta para o peito. Por que ele aponta para esse local do corpo?

____

____

8 Durante a conversa com Dorita, Daniel cai em uma choradeira.

a) Por que ele chorou tanto?

____

____

b) O menino diz "E eu lá quero carregar toda essa dor pesada dentro de mim?!". Por que a dor dele estava tão pesada?

____

____

____

A LINGUAGEM DO TEXTO

1 Releia o seguinte trecho do texto:

> "Daniel se distraiu e... pimba! Mandou o martelo no dedão, bem no lugar que tinha uma ferida."

a) O que as reticências marcam no trecho? Assinale:

- ◯ Hesitação na fala de um personagem.
- ◯ Continuidade ou duração da ação.
- ◯ Suspense ou expectativa.

b) Qual é o sentido da palavra **pimba**?

____

____

2 Nesse mesmo trecho, ao se referir ao lugar onde Daniel acertou a martelada, o texto apresenta a palavra **bem**. Compare com o trecho reescrito:

Mandou o martelo no dedão, no lugar que tinha uma ferida.

Qual é o sentido da palavra **bem** nesse contexto?

____

____

____

3 Releia a seguinte frase retirada do texto:

"Depois das primeiras lágrimas, vieram outras e outras mais."

Qual é o sentido criado pela repetição da palavra **outras**?

____

____

____

TROCANDO IDEIAS

1 Daniel carregava muitas dores dentro do peito. Converse com os colegas: As dores que nós sentimos são sempre físicas, como quando Daniel machucou o dedão, ou também sentimos dores emocionais, relacionadas aos nossos sentimentos? Dê alguns exemplos.

Roberto Weigand/Arquivo da editora

2 Você concorda com Dorita: As lágrimas fazem a dor passar? Já sentiu alívio depois de chorar? Conte para a turma.

3 Na escola, deram um apelido para Daniel: Zero Zero Alpiste. Converse com os colegas: Como será que ele se sentia ao ser chamado assim? O que você acha do hábito de colocar apelido nos outros?

DE OLHO NA ORALIDADE: DISCUTINDO O PRECONCEITO

Ainda é comum as pessoas terem alguns preconceitos em relação ao que meninos e meninas e homens e mulheres podem fazer ou ao que podem ser. Façam uma roda e conversem com os colegas sobre as questões a seguir ou sobre outras relacionadas a preconceitos.

Roberto Weigand/Arquivo da editora

1 Você já ouviu a afirmação "homem não chora"? Você concorda com ela? Por quê?

2 Daniel achava que homem não podia chorar porque "homem tem de ser forte". Você acha que chorar faz de alguém uma pessoa fraca?

3 Sobre as meninas e as mulheres, você já ouviu alguma afirmação parecida sobre o que elas podem ou não fazer? Conte para a turma.

4 Você já sofreu preconceito por fazer algo que não era esperado, apenas por ser menino ou menina? Ou conhece alguém que sofreu? Se sim, conte para os colegas como foi.

LENDO INFOGRÁFICO

Leia o infográfico a seguir.

(Disponível em: http://programaserelepe.blogspot.com/2015/01/para-pensar-sobre-meninos-e-meninas-no.html. Acesso em: 21/2/2021.)

1 O infográfico contém título, texto explicativo, corpo do texto e legenda.

a) Qual é o título? Escreva-o. ______________________________

b) Onde está o texto explicativo? ______________________________

c) Identifique o corpo do infográfico e a legenda e compartilhe a resposta oralmente com a turma.

2 Leia o texto explicativo e responda:

a) Quantas meninas foram entrevistadas? De quantas cidades?

____

b) Qual é o assunto do infográfico?

____

____

3 A legenda do infográfico identifica algumas tarefas realizadas em casa.

a) Cada tarefa escrita vem acompanhada pelo quê?

____

b) Quais são as tarefas? Leia em voz alta com a turma.

c) Identifique a relação ou a semelhança entre cada ícone e a tarefa por ele representada e comente com o professor e os colegas.

d) Além da legenda, onde mais você identifica os desenhos de cada tarefa doméstica?

____

4 No corpo do infográfico, há dois desenhos de pessoas.

Reprodução/Fonte: Plan2013

a) O que a figura laranja identifica?

____

b) O que a figura roxa identifica?

____

c) Os desenhos ao redor de cada figura humana são os mesmos?

____

5 Os ícones que identificam as tarefas domésticas estão pintados parcialmente de laranja e de roxo no corpo do infográfico.

a) O que aparece junto, acima ou abaixo de cada um dos ícones?

____

b) Você sabe o que significa o símbolo **%**? Converse com o professor e os colegas, pesquisem e respondam oralmente.

c) Por que os ícones foram parcialmente coloridos?

____

____

____

____

6 Observe a imagem do travesseiro e a do prato ao redor da figura da menina e ao redor da figura do menino.

a) O que podemos afirmar sobre a tarefa de arrumar a cama?

____

____

b) A que conclusão você chega ao comparar os ícones dos pratos que estão dos dois lados do infográfico?

____

____

7 Sobre o corpo do infográfico, responda:

a) As figuras estão mais pintadas no lado laranja, da menina, ou no lado roxo, do menino?

____

b) A que conclusão se pode chegar sobre a distribuição de tarefas domésticas entre meninos e meninas?

____

____

____

Reprodução/Fonte:Plan2013

8 A pesquisa foi feita apenas com meninas, que responderam sobre si mesmas e sobre os irmãos delas. Converse com os colegas:

a) As meninas da turma têm a mesma percepção que a apontada pela pesquisa sobre a divisão de tarefas em casa?

b) Se a pesquisa fosse realizada com os meninos da turma, os resultados seriam parecidos?

REFLEXÃO SOBRE A LINGUAGEM

OS PRONOMES E A COESÃO TEXTUAL

No 3º ano, você estudou os pronomes pessoais, os pronomes possessivos e os pronomes demonstrativos. Vamos agora ver como esses pronomes colaboram para que um texto seja bem escrito.

Releia este trecho do texto sobre o menino Daniel:

"Depois das primeiras lágrimas, vieram outras e outras mais. A dor ardia dentro dele e se transformava em lágrimas. E elas iam saindo e a dor ia passando. Zero Zero Alpiste puxou o dedão de perto da torneira, agarrou um copo e foi colhendo as lágrimas que rolavam como cachoeira.

Biry Sarkis/Arquivo da editora

Aí teve uma ideia e correu para o jardim. Marcou um quadradinho no canteiro e derramou as lágrimas do copo. Pegou uma pedra azulada e colocou em cima.

— Enterrei minhas lágrimas — explicou para Ilana. — Assim eu não vou chorar mais."

1 A quem se referem os pronomes em destaque a seguir?

a) "E **elas** iam saindo e a dor ia passando."

____

____

b) "Assim **eu** não vou chorar mais."

____

____

LEMBRE-SE

Pronomes pessoais são aqueles que identificam as três pessoas que participam de uma situação de comunicação: quem fala (1ª pessoa), com quem se fala (2ª pessoa) e de quem ou do que se fala (3ª pessoa). Exemplos: eu, me, mim, tu, te, nós, nos, ele, eles, o, a, os, as, lhe, se.

2 Releia o seguinte trecho: "A dor ardia dentro dele". O termo **dele** poderia ser substituído por:

( ) do dedão.

( ) de Zero Zero Alpiste.

( ) de Ilana.

3 Na fala de Daniel com a irmã dele, a quem o pronome possessivo **minhas** se refere? O que esse pronome indica sobre as lágrimas?

____

____

4 Leia esta reescrita do quarto parágrafo:

Depois das primeiras lágrimas, vieram outras e outras mais. A dor ardia dentro de Zero Zero Alpiste e se transformava em lágrimas. E as lágrimas iam saindo e a dor ia passando. Zero Zero Alpiste puxou o dedão de perto da torneira, agarrou um copo e foi colhendo as lágrimas que rolavam como cachoeira.

Compare a reescrita com o parágrafo original e responda: Qual é a função dos pronomes na construção dos textos? Assinale:

( ) Apenas evitar repetições.

( ) Evitar repetições, retomar personagens e elementos do texto.

( ) Identificar quem fala em determinado trecho de um texto.

LEMBRE-SE

Pronomes possessivos são aqueles que indicam posse em relação às pessoas que participam de uma situação de comunicação. Exemplos: meu, teu, seu, nosso, vosso.

Pronomes demonstrativos são palavras que situam os objetos em relação aos participantes da comunicação. Exemplos: este, esse, essas, aquele, aquilo.

Existem vários recursos que contribuem para que um texto seja bem-construído. Há, por exemplo, marcadores de espaço e de tempo e há diálogos, que tornam a história mais viva e organizada. Além disso, há outros que ajudam a manter o texto **coeso**, isto é, bem-articulado, de modo que uma palavra retoma outra, uma frase complementa outra, um parágrafo complementa outro.

Os pronomes pessoais, possessivos e demonstrativos, por exemplo, são importantes para a construção da **coesão textual**, isto é, a conexão entre as partes do texto. Eles esclarecem qual é o ser de que se fala, retomam palavras e ideias expressas anteriormente, evitam repetições e indicam de quem é alguma coisa.

Leia a seguinte notícia.

Com paralisia cerebral, estudante da UnB vira ícone da autoestima no TikTok

Clara fez um TikTok para espantar o tédio do isolamento e acabou conquistando quase meio milhão de seguidores ao falar sobre sua condição

Ranyelle Andrade
18/07/2020 21:14, atualizado 18/07/2020 21:32

O início da quarentena foi um "banho de água fria" para muita gente, em especial para a estudante de letras Clara Marinho, 21 anos. **Ela** estava ansiosa pelo retorno das aulas na Universidade de Brasília (UnB), após as férias de fim de ano, quando a pandemia interrompeu **seus** planos. Para fugir do tédio, rendeu-se, assim como tantos jovens, ao TikTok. Foi a partir desse gesto despretensioso que **sua** vida mudou completamente, "de um dia para o outro".

Reprodução/Acervo pessoal/Instagram clarinhamaroficial

A universitária Clara Marinho, 21, virou fenômeno do TikTok com seus vídeos sobre pessoas com deficiência. Instagram: clarinhamaroficial.

Como tem paralisia cerebral desde o nascimento, deficiência que limita parte dos seus movimentos, incluindo a fala, Clara começou a usar a rede social para dublar vídeos divertidos. A ideia era se distrair "diante de tantas notícias ruins", relembra. A forma diferente com que se expressa, por causa da deficiência, chamou atenção dos usuários, a maioria crianças e adolescentes.

*"**Me** perguntavam por que **eu** andava e mexia a boca de um jeito diferente, algumas até **me** chamavam de doente. Como **eu** não queria magoar ninguém e, ao mesmo tempo, queria explicar da maneira mais simples possível sobre a **minha** deficiência, procurei ser o mais didática que pude", conta a estudante.*

[...]

Em resposta aos comentários preconceituosos, **ela** gravou uma série de vídeos, explicando como se dá a malformação cerebral, **seus** diferentes sintomas e sobre como encara a deficiência. "Sempre vi a PC como uma de **minhas** melhores características. Nunca a tive como uma patologia ou algo maléfico e que precisasse ser vencido", salienta.

[...]

O conteúdo teve boa repercussão e, no dia seguinte, a brasiliense se deparou com dezenas de mensagens no WhatsApp e milhares de novos seguidores nas redes sociais. Hoje, são mais de 430 mil no TikTok e 60 mil no Instagram. Alguns de **seus** vídeos têm mais de 1 milhão de visualizações.

[...]

(Disponível em: https://www.metropoles.com/vida-e-estilo/comportamento/com-paralisia-cerebral-estudante-da-unb-vira-icone-da-autoestima-no-tiktok. Acesso em: 11/5/2021.)

1 O texto é uma notícia.

a) Que fato é noticiado?

____

____

b) Por que Clara começou a postar vídeos na rede social TikTok?

____

____

____

c) O que chamou a atenção dos usuários da rede social TikTok?

____

____

2 Responda oralmente: Por que você acha que esse fato se tornou uma notícia, ou seja, por que é considerado interessante para o público leitor do jornal?

3 Os pronomes pessoais e possessivos estão destacados no texto.

a) Divida-os entre os que foram usados no texto para se referir a Clara, em terceira pessoa, e aqueles que foram usados por ela para se referir a si mesma:

Pronomes usados no texto para se referir a Clara	Pronomes usados por Clara para se referir a si mesma

b) Dos pronomes da tabela, quais são pronomes pessoais e quais são pronomes possessivos?

____

4 Releia o título e o subtítulo da notícia:

> **Com paralisia cerebral, estudante da UnB vira ícone da autoestima no TikTok**
>
> **Clara fez um TikTok para espantar o tédio do isolamento e acabou conquistando quase meio milhão de seguidores ao falar sobre sua condição**

a) A quem se refere a palavra **estudante**?

____

b) Das palavras e expressões a seguir, quais também se referem à mesma palavra ou expressão indicada no item **a**? Assinale.

( ) Estudante de letras
( ) Novos seguidores
( ) seguidores
( ) brasiliense

5 Releia o seguinte trecho do texto.

> "Ela estava ansiosa pelo retorno das aulas na Universidade de Brasília (UnB), após as férias de fim de ano, quando a pandemia interrompeu seus planos. Para fugir do tédio, rendeu-se, assim como tantos jovens, ao TikTok. Foi a partir desse gesto despretensioso que sua vida mudou completamente, 'de um dia para o outro'."

A expressão **desse gesto** retoma qual trecho do texto?

____

____

DE OLHO NA LEITURA E NA ESCRITA: EMPREGO DA LETRA H E DAS LETRAS X E CH

EMPREGO DA LETRA H

Você conhece a personagem Suriá? Ela é uma menina que mora em um circo com a família, e todos são artistas circenses. Leia estes quadrinhos:

© Laerte/Acervo da cartunista

(Laerte. *Suriá — A garota do circo*. São Paulo: Devir: Jacarandá, 2000. p. 37.)

1. Por que Tio Flip não queria ir a uma festa fazer palhaçada?

____

2. O que aguardava Tio Flip no endereço que ele havia anotado?

____

3. Você acha que, na festa, Tio Flip vai gostar de fazer palhaçadas? Por quê?

____

4. Na tira, há uma palavra que se inicia com a letra **h**.

a) Escreva a palavra. ______________________________

b) Agora, cubra a letra **h** e pronuncie a palavra sem essa letra. Há alguma diferença no som da palavra?

____

c) A letra que vem depois da letra **h** é vogal ou consoante?

____

5. Pense em outras palavras iniciadas com a letra **h**.

a) Escreva três dessas palavras.

____

b) Nessas palavras, que tipo de letra vem depois da letra **h**: vogal ou consoante? ______________________________

c) Em todas essas palavras, a letra **h** é pronunciada? __________

6. Procure na tira palavras em que a letra **h** é acompanhada de consoante.

a) Escreva essas palavras. ______________________________

b) Junto de uma consoante, a letra **h** tem som? __________

EMPREGO DAS LETRAS X E CH

Leia a tira:

© Fernando Gonsales/Acervo do cartunista

(Fernando Gonsales. São Paulo: Devir, 2005. p. 4.)

1 O pai dos ratinhos quer dar um susto nos filhotes.

a) De que modo faz isso?

____

____

____

b) Que reação os filhotes têm?

____

2 Por que a mãe dos ratinhos não gostou da brincadeira?

____

3 Na tira, há algumas palavras que mostram uma característica da língua: um único som pode ser representado por letras diferentes.

Pense e responda:

a) Que som têm as letras **ch** das palavras **fechados** e **chifres**?

____

b) Que palavra da tira tem um som semelhante ao das letras **ch** em **fechados** e **chifres**, mas representado por outra letra? Qual é essa letra?

____

4 Leia estas palavras, todas com a letra **x**:

exame auxílio enxame
exato xícara
executar trouxe xerife

Em quais delas a letra **x** tem:

a) o som "xê"?

____

b) o som "zê"?

____

c) o som "cê"?

____

MakroBetz/Shutterstock

Ilustrações: Jefferson Galdino/ Arquivo da editora

5 Pronuncie em voz alta a palavra **táxi**.

a) Nessa palavra, a letra **x** tem qual destes sons: "xê", "zê", "cê" ou "ks"?

____

b) Das palavras abaixo, assinale aquelas em que a letra **x** tem o mesmo som de **táxi**.

- ◯ oxigênio
- ◯ complexo
- ◯ exercício
- ◯ exemplo
- ◯ intoxicação
- ◯ flexão
- ◯ baixo
- ◯ ameixa

6 Sobre os sons da letra **x**, conclua:

- Que sons a letra **x** representa? Dê uma palavra como exemplo para cada um desses sons.

7 Observe o quadro a seguir.

enxurrada	enxame	enxada
enxuto	enxaqueca	enxaguar
enxergar	enxerido	enxofre
enxotar	enxoval	enxugar

Blue Flourishes/Shutterstock

a) O que podemos concluir sobre a grafia de palavras em que há o som "xê" depois da sílaba **en-**?

b) Agora observe estas palavras:

encher ⟶ enchente, enchimento, encheção

Assinale a alternativa que apresenta a regra correta sobre a grafia do som "xê" depois da sílaba **en-**:

( ) Todas as palavras com som "xê" depois da sílaba **en-** são escritas com **x**.

( ) Todas as palavras com som "xê" depois da sílaba **en-** são escritas com **ch**.

( ) Muitas palavras com som "xê" depois da sílaba **en-** são escritas com **x**; porém a palavra **encher** e outras da mesma família são escritas com **ch**.

8 Palavras que são da mesma família têm uma parte que se repete. Escreva palavras da mesma família de:

a) táxi ____________________

b) cheio ____________________

c) tóxico ____________________

BRINCANDO COM PALAVRAS

1 Ana Maria foi ao mercadinho a fim de comprar para a mãe dela alguns produtos. Ao ler a lista que a mãe fez, a menina percebeu que todos os produtos apresentavam o som "xê". O que será que Ana Maria comprou? Observe os produtos que estão na cesta e escreva o nome deles.

Filipe Rocha/Arquivo da editora

____

____

2 Vamos brincar de forca? Com o professor e os colegas, escolha letras e tente adivinhar quais são as palavras.

Shanvood/Shutterstock

___ ___ S ___ ___ ___ ___ A

C ___ ___ ___ ___ ___ ___ A

___ ___ M ___ ___ O

C ___ ___ ___ ___ ___ O

PRODUÇÃO DE TEXTO

NOTÍCIA DE RÁDIO

Como você já sabe, ao final desta unidade, a turma vai produzir um jornal mural e um jornal radiofônico. Ouça a notícia de rádio, disponível em: https://cbn.globoradio.globo.com/media/audio/248279/menos-de-10-das-salas-de-cinema-no-brasil-tem-recu.htm.

1 O que é noticiado? Assinale:

( ) O prêmio de cinema Oscar e a adaptação de poucos filmes concorrentes para pessoas com deficiência.

( ) O fato de que menos de 10% das salas de cinema brasileiras têm algum tipo de acessibilidade.

2 De acordo com a notícia, há um *Estatuto da Pessoa com Deficiência* que prevê que todas as salas de cinema no Brasil devem ter recursos de acessibilidade. Um dado numérico é fornecido para mostrar quanto o país está distante de alcançar esse direito. Que dado é esse?

____

____

3 Leia um trecho da transcrição da notícia:

"A pedido da CBN, a Agência Nacional de Cinema, a Ancine, foi atrás de quantos cinemas oferecem a legenda descritiva, a audiodescrição ou a tradução para libras nas sessões [...]"

The_Molostock/Shutterstock

a) Você conhece os recursos de acessibilidade para deficientes visuais e auditivos citados? Se sim, compartilhe com os colegas e o professor. Se não souber, troque ideias com os colegas e pesquise a respeito.

b) A notícia deixa explícito que os dados foram fornecidos pela Ancine a pedido da própria rádio, a CBN. Levante hipóteses e responda oralmente: Por que a notícia deixa essa informação explícita? Por que não é dito apenas que a Ancine divulgou os dados?

4 Ao longo da notícia, Viviane é entrevistada:

a) Por que ela é escolhida para falar sobre o assunto?

____

____

b) O que a audiodescrição possibilita a ela quando vai ao cinema?

____

____

5 Após um trecho da fala de Viviane, o jornalista volta a narrar a notícia. Que informação complementar o jornalista fornece, nessa segunda parte, ao mencionar a decisão da Justiça sobre os recursos de acessibilidade nos cinemas?

____

____

6 A notícia traz a fala de Paulo Romeu. Ele foi entrevistado porque:

- ◯ é diretor da Ancine.
- ◯ é assessor da secretaria de acessibilidade da Organização Nacional de Cegos do Brasil (ONCB).

7 Retome as falas do jornalista um pouco antes da entrada da voz dos dois entrevistados. O jornalista:

( ) apresenta os entrevistados, dando nome e função.

( ) apresenta os entrevistados, dando nome e função, e explica uma parte do conteúdo do que eles disseram à rádio.

( ) não diz nada, já entra a voz do entrevistado.

8 Ao final da notícia, o jornalista retoma um assunto abordado no início dela. Qual é esse assunto?

____

9 Sobre a voz do jornalista, responda:

a) Ele fala em um volume alto ou baixo?

____

b) O ritmo da fala é muito rápido, pausado ou muito lento?

____

c) Há trechos incompreensíveis ou tudo pode ser ouvido de maneira clara?

____

10 Analise a linguagem da notícia oral.

a) No início da notícia, o jornalista afirma: "O Oscar é um dos principais assuntos do dia, né? Então aproveito para chamar a atenção do ouvinte para esse levantamento". Esse trecho é mais formal ou informal? Ele parece mais próximo ou mais distante do público ouvinte?

____

____

b) Sobre a continuação da notícia, a linguagem do jornalista pode ser considerada mais formal ou mais informal?

___

c) Ele parece falar espontaneamente ou parecer ler um texto previamente escrito?

___

AGORA É A SUA VEZ

Você acabou de estudar uma notícia de rádio. Procure e ouça um jornal radiofônico ou *podcasts* de notícias e, assim como fez ao resolver as questões da seção anterior, preste atenção no modo como as notícias são apresentadas: quem lê a notícia, se ela é complementada ou não por um repórter, se o apresentador faz ou não comentários sobre o fato, como é o tom de voz dele enquanto lê as notícias, se pessoas são entrevistadas, etc. Anote o que julgar importante para depois tentar fazer igual.

Você vai produzir ou selecionar notícias escritas para serem adaptadas e lidas como notícias de rádio. Leia as seguintes propostas de produção de notícia oral.

1. Transforme notícias escritas em notícias orais

Retome as notícias escritas no capítulo anterior. Com base no texto escrito, planeje a gravação da notícia oral.

Roberto Weigand/Arquivo da editora

2. Selecione notícias escritas relacionadas à diversidade para gravar como notícia oral

Busque, em jornais, revistas e *sites*, notícias recentes sobre diversidade: hábitos específicos de grupos de pessoas no Brasil ou em outras partes do mundo; protestos contra algum tipo de preconceito; a rotina de crianças com alguma deficiência; meninas que praticam esportes vistos como masculinos ou vice-versa, etc.

3. Escolha um novo fato para produzir uma notícia oral

Se houver algum fato de seu interesse e importante para a comunidade escolar, produza uma nova notícia para ser lida e gravada.

PLANEJAMENTO DO TEXTO

- Reescreva a notícia escrita escolhida adaptando-a para ser lida como notícia radiofônica. Por exemplo, se houver um trecho da fala de um entrevistado na notícia escrita, você pode transformá-lo em um relato resumido do que foi dito ou pedir ao entrevistado que participe da gravação. Lembre-se de que, no jornal de rádio, as notícias são mais enxutas e diretas.
- Considere que o texto adaptado da notícia original será lido como uma notícia de rádio para crianças como você, além de professores e funcionários da escola.

Giz de Cera/Arquivo da editora

- Providencie um celular com gravador de áudio ou um gravador de voz.
- Apresente, logo no início da notícia, o principal fato noticiado, de maneira breve e direta, utilizando uma frase curta e o(s) verbo(s) no presente.
- Na segunda parte da notícia, detalhe o fato noticiado trazendo as informações complementares.
- Se possível, acrescente gravações das falas de pessoas relacionadas ao fato e lembre-se de apresentá-las.
- Use uma linguagem clara e de acordo com a norma-padrão, como a que é empregada nos jornais de rádio. Você pode adotar uma linguagem mais séria ou mais descontraída, dependendo do tom que quer dar ao jornal. Considere o público que tem em mente.
- Use pronomes pessoais e pronomes possessivos para evitar repetições e retomar personagens e elementos do texto.
- Faça um ensaio: fale de maneira pausada, em volume alto. Se possível, grave o ensaio para ouvir e corrigir algo, se for necessário.

REVISÃO E REESCRITA

Antes de dar início à gravação, faça uma revisão da versão escrita da notícia radiofônica observando:

- A chamada ou o título que você criou dá ideia do assunto principal da notícia?
- No começo do texto, aparecem as informações principais sobre o fato, que respondem às perguntas **o quê**, **quem**, **quando**, **onde**, **como** e **por quê**?
- O texto apresenta uma segunda parte complementar, que explica melhor as informações fornecidas no início?
- A notícia é curta? A linguagem utilizada é clara e está de acordo com a norma-padrão?
- A notícia está adequada ao suporte escolhido: o rádio?

GRAVAÇÃO DA NOTÍCIA

- Escolha um local silencioso para realizar a gravação.
- Fale próximo do microfone.
- Grave a notícia lendo pausadamente o texto pré-preparado.
- Se for necessário editar a notícia para compor trechos com a voz dos entrevistados, peça ajuda ao professor de Informática ou de Robótica.
- Salve o arquivo.

Giz de Cera/Arquivo da editora

Guarde o arquivo da notícia oral para a preparação do jornal radiofônico, a ser produzido na **Oficina de criação**, no final desta unidade.

DIVIRTA-SE

Descubra, lendo a descrição a seguir, quem é a mulher brasileira de grande destaque no esporte.

Ela foi escolhida como a melhor jogadora de futebol do mundo por seis vezes, cinco de forma consecutiva. Um recorde na premiação de Melhores Jogadores de Futebol do mundo entre mulheres e homens. Foi considerada pela revista *Época* um dos 100 brasileiros mais influentes do ano de 2009. Desde 2015, é a maior artilheira da história da seleção brasileira (contando a masculina e a feminina), com 110 gols.

Sergey Novikov/Shutterstock

Marta.

CAPÍTULO 3

BULLYING, AQUI NÃO!

LEITURA

Leia esta entrevista:

18 DE OUTUBRO DE 2019

Era uma vez na minha aldeia

A repórter mirim Maria Flor G., 9 anos, entrevistou o escritor Daniel Munduruku sobre suas obras e infância.

Foi a pergunta de uma criança que levou Daniel Munduruku, 55 anos, a colocar no papel as histórias de sua aldeia indígena. Hoje, com 23 anos de carreira, ele já tem 52 livros publicados, a maioria infantojuvenis.

A repórter mirim Maria Flor G., 9 anos, entrevistou o escritor sobre as obras, a infância e a vida na cidade e na aldeia. O papo ocorreu durante o encontro nacional de escolas associadas da Organização das Nações Unidas Para a Educação, a Ciência e a Cultura (Rede PEA-Unesco), realizado em setembro, em Ouro Preto (Minas Gerais).

Ilustra Cartoon/Arquivo da editora

Caricatura do autor Daniel Munduruku.

Na conversa, Daniel contou ter sofrido *bullying* em uma escola de fora da aldeia por ser diferente das crianças que estudavam ali. Formado em filosofia e educação, ele fala sobre a importância e a diversidade dos povos indígenas em livros, palestras e aulas. Confira.

Quando você começou a escrever histórias?

Publiquei meu primeiro livro em 1996. Antes de escrever, eu já contava histórias. Um dia, uma criança perguntou onde podia ler essas histórias. Eu não soube responder, porque o que eu contava tinha ouvido quando era criança, lá na aldeia, e não sabia se elas tinham sido registradas. Descobri que não, então veio a ideia de escrever. Comecei a fazer isso, mas não virei escritor imediatamente, porque escrever é uma coisa que a gente vai aprendendo, ninguém nasce escritor. Eu fui me tornando e acho que hoje já sou.

Protassio Frikel/Instituto Socio Ambiental

Crianças mundurukus voltam da pesca. Foto de Protassio Frikel, década de 1950.

Qual é o seu principal objetivo com os livros?

"Desentortar" o pensamento das pessoas. Eu tenho a impressão de que nessa idade [público infantojuvenil] as pessoas não entendem muito bem a vida indígena, por isso, pensam de forma preconceituosa, às vezes. A minha ideia, ao escrever, é apresentar outra história e, com ela, fazer as crianças pensarem direito e bem sobre povos indígenas.

Como foi a sua infância?

A lembrança que eu tenho da minha infância no meio da floresta é muito feliz. Até meus 9 anos, vivi na aldeia. Eu corria, brincava, nadava no rio, atirava com arco e flecha... Isso acabou quando fui para a escola. Também no colégio comecei a sentir os primeiros preconceitos das pessoas contra a minha beleza. Elas ficavam achando que eu era feio, mas eu sempre me achei bonito e tive orgulho de ser quem eu era. Quando fui para a cidade — porque a escola ficava lá — o colégio dizia que ter nascido na aldeia era algo ruim, que eu era atrasado e selvagem. Isso acabou me deixando muito triste.

[...]

Existem muitas diferenças entre a infância de uma criança indígena e a infância de uma criança não indígena? Quais?

Não muitas, criança é criança em todo lugar. Toda criança gosta de brincar, de correr, só mudam um pouco as condições para que essa vontade aconteça. Se eu estou lá no meio da floresta, brincar e correr pode ser uma coisa muito fácil, mas se estou na cidade, brincar e correr pode ser uma coisa muito perigosa, muito difícil. Além disso, outra diferença é que a cidade oferece muita luz, muito brilho, então as crianças ficam um pouco perdidas e elas acabam indo em busca do brilho das coisas: elas querem ver televisão, querem jogar no tablet... isso acaba tirando a criatividade delas. A nossa criatividade é dada na medida em que você está circulando, olhando todas as coisas. Quando a gente olha só para uma coisa, a gente fica meio limitado, porque dá impressão de que a internet oferece um mundo inteiro, mas ficamos presos à tela, não estamos em liberdade olhando para o mundo. A liberdade é a capacidade de poder olhar para todos os lados, examinar as coisas e interagir com elas.

[...]

Você já sofreu algum tipo de preconceito por ser indígena? Como lidou com isso?

Acho que preconceito, como as pessoas entendem, eu nunca sofri. O que já sofri foi estranhamento, de pessoas não acostumadas com a minha beleza que se espantam. Como minha aparência é diferente, elas imaginam que eu vim lá do meio da floresta, que sou selvagem que não sabe falar português direito. Muitos tomam susto quando me veem. Mas não acredito que isso seja preconceito, acho que preconceito é quando você ofende alguém que é diferente de você. Como sou professor, minha preocupação sempre foi fazer as pessoas pensarem. Acho que o preconceito das pessoas precisa ser cutucado, eu gosto muito de cutucar. Chamo isso de "jogar piolho" na cabeça das pessoas.

Eu sei que você não gosta da palavra "índio", porque você acha que o Dia do Índio deveria se chamar Dia da Diversidade Indígena. Você comemora o atual Dia do Índio de alguma forma?

Hoje essa data é uma data de reflexão, e para o movimento indígena é uma data de luta. Isso quer dizer que é uma época do ano em que a sociedade está muito mais atenta ao que acontece com os povos indígenas. Então o movimento indígena, que é um movimento político, aproveita essa oportunidade. Ele organiza movimentos em Brasília e em vários lugares do Brasil para chamar a atenção da sociedade. O 19 de abril e a Semana dos Povos Indígenas, que hoje já se chama Abril Indígena, são mudanças que foram acontecendo na sociedade. Eu não gosto dessa data porque ela comemora um índio que não existe, é uma ideia errada que as pessoas têm. Por isso, acho que devia se chamar Dia da Diversidade Indígena, porque quando se fala "índio", dá a impressão de que somos todos iguais, mas não somos. Somos povos diferentes e somos uma diversidade, então é mais importante sermos tratados como uma diversidade, porque isso ajuda as escolas a olhar cada povo em particular. Cada povo vai ser tratado como um povo diferente. No Brasil, são mais de 300 povos, então, imagina, é uma diversidade muito grande!

[...]

(*Jornal Joca*. Disponível em: https://www.jornaljoca.com.br/era-uma-vez-na-minha-aldeia-2/. Acesso em: 21/2/2021.)

OS SENTIDOS DO TEXTO

1 Antes de apresentar perguntas e respostas, a entrevista começa com alguns parágrafos introdutórios. Releia esses parágrafos e responda:

a) Quem é o entrevistado?

____

b) O que ele faz?

____

c) Quem é a entrevistadora?

____

____

d) Onde a entrevista ocorreu?

____

____

____

e) Quando ocorreu?

____

f) Quais temas tratados na entrevista foram destacados pelo texto introdutório?

____

____

____

QUEM É DANIEL MUNDURUKU?

Daniel Munduruku, nascido em 1964, em Belém (PA), é escritor e professor, formado em Filosofia, História e Psicologia. É autor de 54 obras, a maioria de literatura infantojuvenil. Já recebeu vários prêmios no Brasil e no exterior por seus livros.

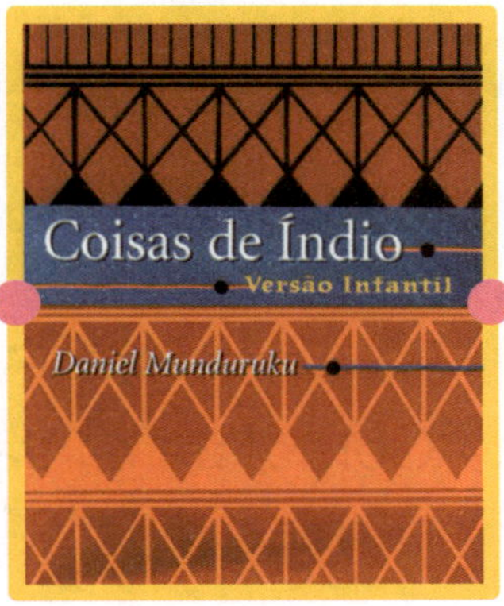

2 Daniel Munduruku afirma que o principal objetivo de seus livros é "desentortar" o pensamento das pessoas. O que é **desentortar** o pensamento das pessoas, de acordo com o entrevistado?

---

3 A entrevistadora pergunta como foi a infância de Daniel. Ele a divide em dois momentos.

a) O que marca a separação entre esses dois momentos?

---

b) Como era a infância de Daniel na floresta? Como ele se sentia?

---

c) Depois da mudança, como Daniel passa a se sentir?

---

4 Daniel afirma que no colégio começou a sentir os primeiros preconceitos. O que as pessoas diziam sobre ele e a aldeia dele?

---

5 A entrevistadora pergunta se há diferenças entre a infância de uma criança indígena e a de uma criança não indígena.

a) O que Daniel responde sobre as crianças em geral?

____

____

b) O que diferencia a infância de indígenas da de não indígenas para o entrevistado?

____

____

____

6 A entrevistadora pergunta se Daniel Munduruku já sofreu preconceito.

Jean Galvão/Arquivo da editora

a) Ele responde **sim** ou **não**?

____

____

b) O que é preconceito para ele?

____

____

____

c) Qual é a preocupação dele, como professor, sobre os preconceitos?

____

____

____

7. A entrevistadora diz saber que Daniel não gosta da denominação **Dia do Índio**.

a) Pense sobre a função da entrevistadora em uma entrevista e comente com os colegas e o professor: Como a entrevistadora sabia dessa informação?

b) Por que ele não gosta dessa data da forma como ela é comemorada hoje em dia?

____

____

c) Para o autor, como esse dia deveria se chamar? Por quê?

____

____

A LINGUAGEM DO TEXTO

1. Uma entrevista pode ocorrer oralmente, ser gravada e editada para ser divulgada ao público; pode ocorrer oralmente e depois ser transcrita e editada para ser publicada por escrito; ou, ainda, pode ocorrer por escrito e também ser publicada por escrito. Na entrevista escrita estudada:

a) Qual é o título?

____

b) E o subtítulo?

____

____

c) Como você diferencia as perguntas da entrevistadora das respostas do entrevistado?

____

d) O texto introdutório, anterior às perguntas, foi escrito antes ou depois da realização da entrevista? Justifique sua resposta.

____

2 Ao final do texto introdutório, está escrito "Confira.". Qual é o efeito de sentido da forma verbal empregada nesse contexto? Assinale:

◯ Obrigar o leitor a ler a entrevista completa.

◯ Chamar a atenção do leitor, convidando-o a ler a entrevista.

◯ Alertar o leitor sobre a necessidade de ler a entrevista toda, e não só o texto introdutório.

3 Daniel Munduruku usa o termo **desentortar** em uma de suas respostas.

a) Qual sinal de pontuação destaca esse termo no texto?

____

b) Discuta com os colegas e concluam: Por que o termo é destacado dessa maneira?

4 Releia o seguinte trecho da entrevista:

> "Eu tenho a impressão de que nessa idade [público infantojuvenil] as pessoas não entendem muito bem a vida indígena [...]"

Observe que a expressão **público infantojuvenil** está entre colchetes. Discuta com os colegas:

a) O entrevistado disse essa expressão em sua resposta?

____

b) Quem escreveu a expressão entre colchetes na versão publicada da entrevista? Responda oralmente.

DE OLHO NA ORALIDADE: RODA DE DISCUSSÃO SOBRE *BULLYING*

Quando Daniel Munduruku saiu da aldeia e foi estudar em um colégio na cidade, ele sentiu os primeiros preconceitos das pessoas em relação a seu tipo físico e ao lugar de onde vinha. Elas o chamavam de atrasado e selvagem.

Jean Galvão/Arquivo da editora

1. Como Daniel Munduruku se sentiu com esse tratamento?

2. Você acha justo Daniel ter sido tratado desse modo? Por quê?

3. Por viver na floresta, Daniel provavelmente sabia muitas coisas que as crianças da cidade desconheciam. O que elas poderiam aprender com ele?

4. O que Daniel sofreu na escola costuma ser chamado de ***bullying***. Você já ouviu esse termo? O que sabe sobre ele? Você já sofreu *bullying* ou fez *bullying* com alguém?

5. Muitas crianças costumam pôr apelidos em colegas, como fizeram com Daniel, chamando-o de Zero Zero Alpiste, no texto que você leu no capítulo anterior. Na sua opinião, apelidos como esse também são um tipo de *bullying*? Por quê?

REFLEXÃO SOBRE A LINGUAGEM

VARIEDADES LINGUÍSTICAS: LINGUAGEM FORMAL E INFORMAL

Você já sabe que a língua portuguesa pode variar de região para região, de país para país, de um falante para outro, da zona urbana para a zona rural. Todas essas variações no jeito de falar são chamadas de **variedades linguísticas**.

Também alteramos nossa linguagem dependendo da situação: com quem falamos, onde, o objetivo da comunicação, os meios usados para nos comunicar, a idade dos participantes, a formalidade ou a informalidade da situação, o grau de intimidade entre as pessoas que interagem, etc.

Leia, a seguir, dois textos. O primeiro é um trecho de uma reportagem sobre a escritora mirim Luiza Meireles. O outro é uma postagem dela em uma rede social.

TEXTO 1

Escritora mirim baiana incentiva crianças e adultos a realizarem seus sonhos

Reprodução/Criativa Oneline

Com dois livros publicados, a escritora mirim de 10 anos, Luiza Meireles, utiliza dos livros e das redes sociais para incentivar que outras pessoas, desde crianças até adultos, também corram atrás da realização dos seus sonhos.

[...]

A escritora mirim destacou que, além dos momentos que já viveu e das coisas que já ouviu, o que a inspira no momento da escrita é mostrar que as pessoas são diferentes e que isso não é um problema.

"A questão das diferenças entre as pessoas é algo muito importante de se falar. Não é porque você é diferente de outra pessoa que não pode ser amiga dela, claro que pode, todos somos diferentes", disse Luiza.

[...]

(Disponível em: https://atarde.uol.com.br/cultura/literatura/noticias/2141807-escritora-mirim-baiana-incentiva-criancas-e-adultos-a-realizarem-seus-sonhos. Acesso em: 22/2/2021.)

TEXTO 2

Reprodução/Instagram

luizam3m

Seguir

luizam3m Genteeeeee, hoje eu vou trazer para vocês os depoimentos que meus livros receberam na plataforma [...] (vocês sabem que meus livros estão à venda lá, né!?!?!) 😊😊😊😊

Foi muito legal pra mim receber cada um desses depoimentos e não pensei duas vezes em compartilhar eles com vocês! Porque se tem uma coisa que eu amo é saber o que vocês estão achando das minhas histórias que eu escrevo com tanto amor!!!

E você? Já leu meus livros? O que achou deles? Me conta aqui, por favor!!! Quero muito saber a opinião de vocês!!! Beijossssss❣ 📚

#autoramirim

Imagens: Chaim Devine/Shutterstock

(Disponível em: https://www.instagram.com/p/CLkJblLlzJ9/?utm_source=ig_web_copy_link. Acesso em: 22/2/2021.)

1 O primeiro texto é uma reportagem.

a) Qual é o assunto principal da reportagem?

____

b) O trecho lido dá ênfase ao objetivo de Luiza ao escrever suas histórias. Qual é ele?

____

____

2 O trecho lido da reportagem apresenta três parágrafos. Quais deles são trechos do autor da reportagem e qual deles traz a fala de Luiza?

____

____

3 O segundo texto é uma postagem feita em uma rede social.

a) Quem é a autora da mensagem e o que ela faz?

____

b) Sobre o que é a postagem?

____

____

4 Compare o trecho do texto 1, que reproduz a fala de Luiza, e a postagem feita por ela em uma rede social.

a) No texto 1, com quem ela dialoga, ou seja, a quem ela se dirige?

____

b) No texto 2, a quem ela se dirige?

____

c) Em qual deles a linguagem é mais formal, controlada, mais próxima da norma-padrão?

____

d) E em qual dos textos a linguagem da Luiza é mais descontraída, informal, semelhante à linguagem que usamos em conversas do dia a dia?

____

5 Os trechos comparados na questão 4 foram produzidos pela mesma pessoa, Luiza Meireles. Sabendo disso, assinale a alternativa correta sobre o uso de linguagem formal e linguagem informal.

- ( ) O uso de linguagem formal ou informal depende apenas dos falantes: pessoas mais velhas e mais cultas sempre usam linguagem formal.
- ( ) O uso de linguagem formal ou informal depende da situação de comunicação: quem fala, com quem fala, sobre o que e em que texto.
- ( ) O uso de linguagem formal ou informal depende de o texto ser escrito ou oral.

6 Compare os seguintes trechos, um de cada texto lido:

> "[...] o que a inspira no momento da escrita é mostrar que as pessoas são diferentes [...]"
>
> "[...] e não pensei duas vezes em compartilhar eles com vocês!"

a) O pronome pessoal oblíquo **a** em "o que a inspira" retoma qual expressão do texto 1?

____

b) E o pronome pessoal reto **eles**, no trecho do texto 2?

____

c) Relembre o que você já aprendeu sobre os pronomes pessoais retos e oblíquos. Qual dos empregos segue a norma-padrão?

____

d) Troque ideias com os colegas e o professor: Por que apenas um dos textos segue a norma-padrão nesse caso?

7 Na linguagem informal, é comum haver redução de palavras e expressões, como **tá** (está), **né** (não é), **vô** (avô), etc. Em qual dos dois textos há formas reduzidas? Quais são elas?

____

8 Dependendo do texto e da situação de comunicação, a linguagem escrita pode nos dar liberdade para inovar e criar. Lembrando que o texto 2 é uma postagem em rede social, responda:

a) Em que palavras Luiza repete algumas letras?

____

b) Por que ela repete essas letras?

____

____

c) Analise a pontuação usada na postagem. O que se destaca no uso de pontos? Qual é o efeito do uso desse recurso?

____

____

____

____

d) Troque ideias com os colegas e o professor e responda oralmente: Em quais outros textos escritos esse recurso também pode ser usado?

9 Leia os itens a seguir. Depois, como conclusão desse estudo, faça no caderno uma lista das características da linguagem formal e uma lista das características da linguagem informal. Ao fazer as listas, inclua os itens em uma ou outra.

- vocabulário mais cuidado
- vocabulário mais simples e comum
- redução de palavras
- palavras escritas de acordo com o dicionário e a gramática
- construções mais planejadas, calculadas
- construções mais espontâneas

DE OLHO NA ESCRITA: EMPREGO DE -EZ E -EZA

Leia esta tira, de Mouses Sagiorato:

© Mouses Sagiorato/Acervo do cartunista

1 Laila diz a Guido que está sendo chamada de **ácida**.

a) O que significa a palavra **ácida**, quando dizemos, por exemplo, "fruta ácida"?

____

b) E o que quer dizer "pessoa ácida"?

____

2 Guido é apaixonado por Laila. Considerando esse fato, você acha normal a reação dele no 2º quadrinho?

____

____

3 A surpresa da tira está na fala de Guido, no 3º quadrinho. Por quê?

____

____

____

4 Na tira, foram empregadas duas palavras que têm a letra **z**: **acidez** e **beleza**. Veja como essas palavras se formaram:

ácido + -ez = acidez

belo + -eza = beleza

a) Acrescentando **-eza**, forme outras palavras a partir de:

- magro ______________
- frio ______________
- fino ______________
- grande ______________
- limpo ______________
- mole ______________

b) Acrescentando **-ez** às palavras abaixo, quais novas palavras obtemos?

- pálido ______________________
- límpido ______________________
- escasso ______________________
- mudo ______________________
- pequeno ______________________
- macio ______________________

© Mouses Sagiorato/Acervo do cartunista

5 Converse com os colegas e com o professor e conclua:

- As palavras formadas por você na questão 4 têm a última sílaba escrita com **z** ou com **s**?

____

____

____

6 **Desafio**

a) Empregando **-ez** ou **-eza** no final, forme novas palavras a partir de:

ligeiro	honrado	safado	sisudo	rígido

____

____

____

b) As palavras que você formou são sinônimas das palavras abaixo. Dê a correspondência entre umas e outras. Se julgar necessário, utilize o dicionário.

- sem-vergonhice, malandragem

  ____

Leo Burgos/Acervo do fotógrafo

- dureza, rigor, severidade

  ____

- caráter, honra

  ____

- seriedade

  ____

- rapidez, velocidade

  ____

7 Forme outras palavras, acrescentando **-ez** ou **-eza** às que seguem.

- pequeno ______________
- polida ______________
- claro ______________
- rico ______________
- estúpida ______________
- robusto ______________
- lívida ______________
- lânguida ______________
- embriagado ______________

Agora, utilizando o dicionário, descubra quais das palavras formadas têm os seguintes significados.

a) fraqueza, abatimento, debilidade ______________

b) força, vigor ______________

c) delicadeza, cortesia ______________

BRINCANDO COM PALAVRAS

1 Convide um colega para brincar o jogo da velha. Desenhem, cada um em seu caderno, uma tabela como a que aparece ao lado e decidam com qual terminação — **EZ** ou **EZA** — cada um vai jogar.

Quem inicia o jogo forma uma palavra, acrescentando a terminação escolhida, e a escreve em uma das casas da tabela. Se errar, passa a vez. Vence o jogo quem formar primeiro um trio de palavras na horizontal, na vertical ou na diagonal. Não vale repetir palavras. Boa sorte!

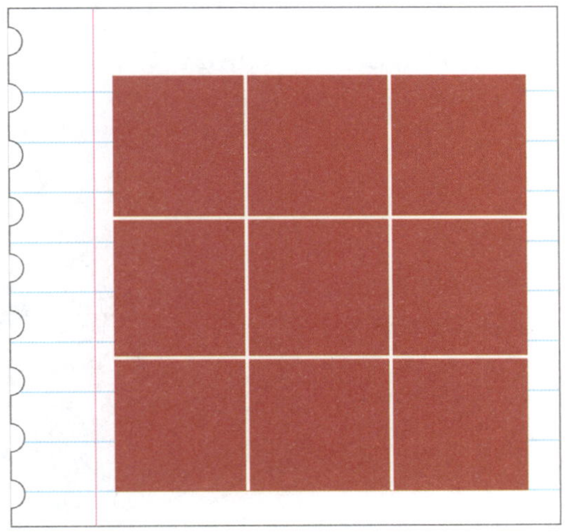

Banco de imagens/Arquivo da editora

Palavras para serem escritas com acréscimo das terminações EZ ou EZA

rígido	certo	estranho	honra	surdo	puro
nu	rápido	sólido	grande	macio	escasso
límpido	pequeno	mole	magro	belo	tímido
duro	pálido	gentil	nobre	pobre	fraco

2 Escreva as palavras do espelho, acrescentando a elas **EZ** ou **EZA**, e descubra o que foi encontrado no castelo da madrasta da Branca de Neve.

Cris Alhadeff/Arquivo da editora

____

____

____

PRODUÇÃO DE TEXTO

ENTREVISTA ORAL

Ouça a entrevista oral que Bela Fernandes realizou com Duda Pimenta, ambas atrizes mirins, disponível em: https://www.youtube.com/watch?v=OkewmfpWWYU.

Maria Siubar/Shutterstock

1. Como Bela Fernandes, a entrevistadora, inicia a gravação? Ela conversa diretamente com o espectador? Ela se apresenta?

____

____

____

2. Bela Fernandes, antes de anunciar quem é a entrevistada, fornece informações sobre ela.

a) Quais são essas informações?

____

____

b) Além de falar da entrevistada, que recurso visual é empregado para dar destaque às informações sobre ela?

____

____

____

3 Depois de anunciar a entrevistada, Duda Pimenta, a entrevistadora propõe que elas completem o perfil de Duda. Que perguntas são feitas para esse fim?

____

____

____

4 A entrevistadora pergunta a Duda sobre a força da personagem que ela interpretou, Kessya, e a importância desse papel para a teledramaturgia brasileira, ou seja, para a história das novelas no Brasil. O que Duda responde?

____

____

____

5 A entrevistadora fala de mulheres importantes na vida da entrevistada e conversa sobre elas. Quem são? Que outras mulheres a entrevistada cita? De que modo ela caracteriza essas mulheres?

____

____

____

6 Bela faz uma comparação entre a mãe da vida real de Duda e a mãe da personagem Kessya. O que as duas têm em comum?

____

____

____

7 As perguntas feitas são sobre:

( ) apenas a vida pessoal da entrevistada.

( ) apenas a vida profissional da entrevistada.

( ) a vida pessoal e profissional da entrevistada.

8 Analise o tom de voz e o ritmo de fala da entrevistadora e da entrevistada. Como podemos caracterizar o tom de voz e o ritmo de fala da entrevista?

( ) baixo e rápido

( ) alto e pausado

( ) muito alto e bem lento

9 As perguntas parecem planejadas anteriormente ou realizadas de improviso, de maneira espontânea?

____

____

10 Observe a linguagem empregada pelas duas participantes da entrevista.

a) Elas adotam uma linguagem formal ou informal?

____

b) Por que elas adotam essa maneira de conversar?

____

____

____

____

11 Como a entrevista é finalizada?

____

____

____

____

____

AGORA É A SUA VEZ

Reúna-se em grupo, conforme as orientações do professor, para realizar uma entrevista. Depois, a entrevista poderá ser exibida no jornal falado ou publicada no jornal mural que a turma vai apresentar no projeto da **Oficina de criação** desta unidade.

DW labs Incorporated/Shutterstock

PLANEJAMENTO DA ENTREVISTA ORAL

- Sugerimos que o tema da entrevista seja diversidade. Escolham uma pessoa para ser entrevistada: um escritor, um professor, um bibliotecário, um músico ou um atleta, um avô, uma bisavó ou outro familiar de alguém do grupo, um funcionário da escola, um aluno de outra turma, etc., desde que seja alguém que possa contar uma história de vida sobre diferenças, preconceitos, *bullying* e respeito ao próximo.
- Reúnam informações sobre o entrevistado para preparar as perguntas que serão feitas a ele.
- Façam um roteiro de perguntas. Vocês podem perguntar se a pessoa já sofreu preconceito, de que maneira ela lidou com isso, se já passou por situações de *bullying*, se considera importante conviver com pessoas diferentes dela, etc. Planejem perguntas curtas e diretas. Não exagerem no número de perguntas.

ENTREVISTANDO

- No dia da entrevista, levem um gravador ou um celular que grave áudio.
- Antes de começarem a gravar, testem o equipamento e vejam se ele está funcionando.
- Façam uma breve apresentação do entrevistado.
- Levem o roteiro de perguntas. Tentem memorizar as perguntas e fazê-las ao entrevistado sem ler, mas, se for necessário, recorram ao roteiro, lendo uma pergunta por vez, de modo natural.

- Dependendo da relação com o entrevistado e do objetivo da entrevista, adotem uma linguagem mais formal ou mais informal.
- Façam uma pergunta de cada vez e ouçam as respostas com atenção. Se for conveniente, pulem as perguntas planejadas que já tenham sido respondidas ou façam novas perguntas, considerando as falas do entrevistado.
- Certifiquem-se de que entrevistador e entrevistado estejam falando próximo do microfone.
- Finalizem a entrevista despedindo-se do entrevistado e dos espectadores.
- Antes de finalizar o encontro, verifiquem se a gravação ficou boa. Se houver necessidade, refaçam algum trecho.
- Durante a entrevista, tirem fotos do entrevistado e peçam a ele autorização para publicá-las.

EDITANDO A ENTREVISTA ORAL

Qualquer que seja o formato da entrevista — oral, impressa, televisiva ou digital —, é necessário editá-la. Editar significa escolher as melhores partes, cortar erros, ruídos, e, no caso de publicação por escrito, eliminar repetições de expressões como **aí**, **né?**, **tá?**.

Giz de Cera/Arquivo da editora

O tamanho dos cortes depende de fatores diversos, como o tempo presumido do leitor, ouvinte ou espectador e o destaque pretendido pelo veículo de comunicação responsável. Por exemplo, em um jornal de rádio ou de televisão, a entrevista geralmente é breve, com duração de apenas alguns minutos. Já em um programa de rádio de entrevistas, ela pode ser mais longa e durar até uma hora. Em um jornal escrito, ela pode ser mais desenvolvida, chegando a ocupar uma página inteira, ou pode ser curta, com poucas perguntas e respostas breves no canto da página.

Em grupo, selecionem um programa de edição de áudio que seja fácil de usar. Vocês podem usar o programa Audacity ou escolher outro que já tenham ou prefiram.

Se a escola tiver um professor de Informática ou de Robótica, peçam a ele ajuda para fazer a edição.

TRANSCREVENDO E EDITANDO A ENTREVISTA ESCRITA

Se optarem por publicar a entrevista em um meio impresso, sigam estas orientações:

- Tenham em mãos a gravação da entrevista.
- Mantenham a linguagem empregada pelo entrevistado, mas eliminem marcas da linguagem oral, como **né?**, **aahhnn**, **aí**, quando em excesso.

bioraven/Shutterstock

- Marquem visualmente de forma nítida as falas do entrevistador e do entrevistado: vocês podem, por exemplo, colocar o nome do entrevistador completo ou abreviado (ou o nome do grupo ou do jornal em que a entrevista será publicada) antes de cada pergunta e o nome do entrevistado completo ou abreviado antes das respostas ou podem mudar o tipo ou a cor da letra nas falas de cada um.
- Escrevam uma pequena introdução para apresentar o entrevistado e o assunto da entrevista. Informem resumidamente quem é o entrevistado, a idade dele, o que ele faz e qual é a relação dele com o tema abordado.

- Deem um título atraente à entrevista.

REVISÃO DA ENTREVISTA

Depois de editar a entrevista oral ou de editar e transcrever a entrevista para o meio impresso, revisem o trabalho final.

Entrevista oral

Ouçam a entrevista, observando:

- O entrevistador deixou claro, no início da entrevista, quem é a pessoa entrevistada?
- As perguntas e as respostas estão audíveis?
- As perguntas foram feitas de modo claro?
- O entrevistado respondeu a cada uma das perguntas?
- Na edição, a seleção de partes da entrevista foi adequada? A entrevista tem uma boa dinâmica, é agradável de ouvir?
- A edição eliminou partes desnecessárias, como as repetições?

Concluído o trabalho, guardem o áudio para apresentar na **Oficina de criação**.

Entrevista para o jornal mural

Leiam a entrevista, observando:

- A entrevista apresenta um título e o texto de apresentação adianta ao leitor o que vai ser lido?
- As falas do entrevistador e as do entrevistado estão bem demarcadas e diferenciadas visualmente?
- A entrevista foi capaz de reproduzir a opinião do entrevistado sobre o assunto?
- A linguagem está adequada aos leitores e de acordo com a norma-padrão?

Se necessário, façam correções e passem o texto a limpo, à mão ou no computador. No texto, reservem espaços para as fotos que vocês tiraram.

A entrevista impressa será publicada no jornal mural que a turma produzirá na **Oficina de criação** desta unidade.

Se gostarem da experiência, escolham outras pessoas e façam novas entrevistas para também exibir ou publicar na **Oficina de criação**.

DIVIRTA-SE

Confira o jogo indígena a seguir, confeccione o tabuleiro e junte-se aos amigos para brincar.

Jogo da onça ou adugo

- Número de participantes: 2
- Material utilizado:
  - papelão;
  - caneta e régua para fazer o tabuleiro;
  - 15 pedrinhas, botões ou tampinhas; sendo uma das pecinhas diferente das outras.
- Objetivos:
  encurralar a onça (para os cachorros);
  atacar 5 cachorros (para a onça).

Desenhando o tabuleiro: o formato do tabuleiro é um quadrado dividido em 32 partes iguais e um triângulo ligado a ele. Para dividir o quadrado, desenhe uma cruz e um X dentro dele. Assim, formam-se 4 quadrados dentro do quadrado maior. Divida novamente cada um desses quadrados menores com mais uma cruz e mais um X. Desenhe o triângulo a partir da linha média do quadrado maior e desenhe uma cruz dentro dele.

O jogo: um participante é a onça e o outro os cachorros. As 14 pecinhas iguais são os cachorros e a peça diferente é a onça.

No início, todas as peças devem estar juntas no quadrado, contrário ao triângulo.

As peças só podem se mexer pelas linhas. Para comer uma pecinha, passa-se por cima da peça. A onça vence se comer 5 cachorros. Os cachorros têm por objetivo encurralar a onça, antes que ela ataque, ou seja, eles vencem quando a onça não conseguir mais se movimentar.

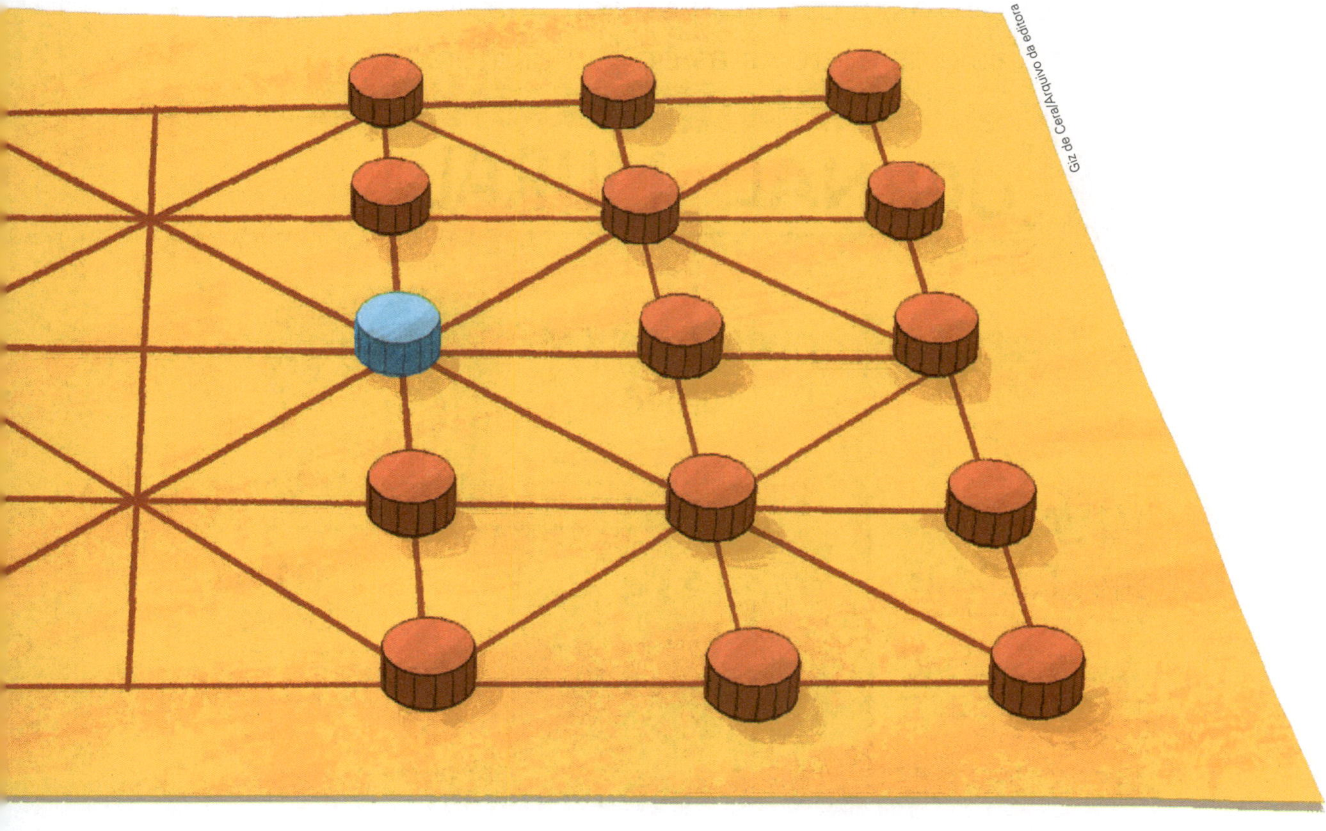

Giz de Cera/Arquivo da editora

OFICINA DE CRIAÇÃO

PROJETO:

JORNAL MURAL E JORNAL RADIOFÔNICO: *NOSSAS DIFERENÇAS EM NOTÍCIAS*

Nesta unidade, você e os colegas leram e produziram notícias e entrevistas, orais e escritas.

Agora, vamos reunir todas essas produções em um jornal mural e em um jornal radiofônico.

1. Montando o jornal mural

Selecionem algumas das notícias e entrevistas escritas para compor a primeira edição do jornal mural. Como a turma produziu muitos textos, a cada dia ou semana vocês podem renovar as notícias e as entrevistas do jornal mural.

Roberto Weigand/Arquivo da editora

Escolham uma cartolina ou outro papel para compor o mural. Reproduzam os textos com letras em tamanhos suficientes para o leitor conseguir ler o mural afixado na parede. Ao lado de cada texto, colem fotografias que possam complementar a notícia ou a entrevista.

Escolham um nome para o jornal. Se houver várias ideias, façam uma votação.

Selecionem um local por onde passam muitas pessoas para afixar o mural.

2. Reunindo notícias e entrevistas gravadas

Reúnam todas as notícias e entrevistas gravadas nos capítulos 2 e 3. Pensem na ordem mais interessante para elas serem transmitidas no jornal. Se vocês tiverem produzido muitas notícias e entrevistas, podem fazer mais de uma edição do jornal radiofônico.

Preparem um roteiro com as chamadas de todas as notícias e entrevistas para orientar os apresentadores.

lisegagne/Getty Images

3. Gravação dos apresentadores

Assim como um jornal televisivo, o jornal radiofônico tem apresentadores. Se a turma optar por fazer apenas uma edição do jornal radiofônico, com todos os textos gravados, escolham dois colegas para serem os apresentadores. Na hipótese de haver várias edições, os alunos podem se revezar nessa função.

Seguindo o roteiro, gravem os apresentadores do jornal. Eles devem realizar as seguintes tarefas:

- Cumprimentar o público, apresentar-se e mencionar o nome do jornal.
- Falar as chamadas das notícias.
- Ler as chamadas das entrevistas.
- Fazer a despedida e encerrar o jornal.

Ruslan Huzau/Shutterstock

Os dois apresentadores devem se revezar. Antes de gravar, eles deverão ler várias vezes as chamadas, até se familiarizarem com elas. Além disso, eles deverão treinar a leitura e procurar falar com naturalidade.

Realizem alguns ensaios antes da gravação. A cada chamada de notícia ou entrevista, é possível interromper a gravação para facilitar a edição que será feita posteriormente.

4. Edição e reunião dos áudios

Reúnam todos os arquivos de áudio para a edição final. O professor de Informática ou de Robótica da escola pode auxiliar a turma. Retomem os roteiros para se certificarem da ordem das notícias.

5. Exibição do jornal para o público

Vocês podem organizar um dia para transmitir a versão final do áudio do jornal para todos os alunos da escola. Também podem disponibilizar o arquivo de áudio pelo *site*, pelas redes sociais ou por outro canal de comunicação da escola a fim de que o público possa baixar e ouvir quando for conveniente, como é feito com *podcasts*.

Se houver na escola um sistema de áudio, conversem com a direção e com o pessoal responsável pelo audiovisual sobre a possibilidade de apresentar o jornal radiofônico para todos os alunos durante o intervalo das aulas.

Roberto Weigand/Arquivo da editora

UNIDADE 2

NA TELA, NO PALCO

Pintura, escultura, dança, música, teatro, literatura, cinema, fotografia... São inúmeras as formas por meio das quais o ser humano expressa sua maneira de ver e sentir o mundo. Que tipo de artista você é? Você canta, dança, desenha, pinta, esculpe, fotografa, escreve, declama ou representa? Nesta unidade, vamos conhecer o teatro — a arte de representar para emocionar e divertir — e observar a relação com outras artes.

Igor Bulgarin/Shutterstock

Adam Taylor/Getty Images

ATOR

Não queira que a palavra ATOR tenha
apenas uma cara, um só sexo.

A palavra ATOR é como um camaleão
que, com suas metamorfoses,
com suas marcas e máscaras,
nos leva a desligar da realidade
para vivermos também uma outra vida
— mil vezes mais intensa.

(Elias José. *Pequeno dicionário poético-humorístico ilustrado*. São Paulo: Paulinas, 2006. p. 18.)

Roberto Weigand/Arquivo da editora

DIVIRTA-SE... E FIQUE POR DENTRO!

FILMES E VÍDEOS

Reprodução/Armazém de Imagens e Okna Produções

- *As aventuras do avião vermelho*, de Frederico Pinto e José Maia.
  Adaptado do livro de Érico Veríssimo, o filme é sobre a história de Fernandinho, um garoto hiperativo, de 8 anos, que perdeu a mãe há pouco tempo e se sente muito só. Mas a vida do menino muda quando o pai lhe dá um livro que conta as aventuras do Capitão Tormenta.
- Assista também aos filmes: *Corda bamba*, de Eduardo Goldenstein; *Annie*, de Will Gluck; *A bailarina*, de Eric Summer e Éric Warin; *A dança dos bonecos*, de Helvécio Ratton; *Um talento muito especial*, de James Lapine; *O vendedor de fumaça*, de Jaime Maestro, curta-metragem disponível no YouTube.
- Assista a vídeos de peças teatrais no canal *Tá na hora do teatro*, que apresenta adaptações de várias obras da literatura infantil.

MÚSICAS

Reprodução/Barbatuques

- Ouça os CDs *Circo*, com Arrelia, Parlapatões, Figurinha, Antônio Nóbrega, Picolino e Pururuca (Atração Fonográfica), e *Histórias gudórias de gurrunfórias de maracutórias xiringabutórias*, de Francisco Marques (Palavra Cantada).
- Conheça também os ritmos da música brasileira, ouvindo o CD *Pé com pé*, de Sandra Peres e Paulo Tatit; e os CDs da banda Barbatuques.

LIVROS

Reprodução/Editora Showbook

Vá à biblioteca da escola ou à biblioteca do bairro ou da cidade onde você mora e veja se os livros indicados a seguir estão disponíveis para empréstimo. Se não estiverem, selecione outros sobre o tema desta unidade.

- *Teatro*, de Raquel Coelho (Formato).
  Nesse livro, a autora — que também é a ilustradora — conta como o teatro nasceu e se desenvolveu nas mais distantes partes do mundo.
- Leia também: *Pequeno príncipe — Livro-teatro com dedoches e cenários*, de A. Saint-Exupéry (Autêntica); *Cinco textos para teatro infantil* (Fundação Teatro Guaíra); *Teatro I*, de Maria Clara Machado (Fundação Nacional do Livro Infantil e Juvenil).

SITES

- www.historiadasartes.com
- http://www.siasanta.art.br/
- https://festivaltic.com.br/
- http://pt.hellokids.com/r_401/artes-manuais-para-criancas
- http://meninomaluquinho.educacional.com.br/Online/default.asp

OFICINA DE CRIAÇÃO

PROJETO: FAZENDO TEATRO

Participe da produção, da montagem e da apresentação de uma ou mais peças de teatro.

Jean Galvão/Arquivo da editora

CAPÍTULO 1

IMAGINAÇÃO EM CENA

LEITURA DE FILME

Assistam ao filme *O menino no espelho*, de Guilherme Fiúza Zenha. O filme é uma adaptação cinematográfica do livro *O menino no espelho*, de Fernando Sabino, uma espécie de retrato da infância do escritor. Entre o livro e o filme, há muitas diferenças, mas o diretor do filme procurou manter vários elementos da história original.

1 A história do filme se passa na década de 1930, quando Fernando Sabino era ainda menino, quase um adolescente. Discuta com o professor e com os colegas:

a) Que diferenças você nota entre a infância daquela época e a de hoje?

b) E que diferença você nota entre os brinquedos ou brincadeiras daquela época e os de hoje?

c) O que as famílias faziam à noite e o que fazem hoje?

d) Como era a escola naquele tempo e como é hoje?

e) Como era a educação dos filhos naquela época e como é hoje?

f) Converse com seus avós e bisavós sobre a infância deles e compare com a infância de Fernando Sabino. Comente com os colegas se há semelhanças com o filme.

VOCÊ SABE QUEM É FERNANDO SABINO?

Fernando Sabino (1923-2004) nasceu em Belo Horizonte (MG) e já na adolescência escrevia crônicas e contos. Estudou Direito, mas se dedicou ao jornalismo, colaborando com jornais mineiros e cariocas. Seu primeiro livro, *Os grilos não cantam mais* (contos), foi publicado em 1941. Escreveu crônicas, novelas, romances e contos. Entre suas obras mais importantes estão *O homem nu* (1960), *A mulher do vizinho* (1962), *O grande mentecapto* (1979) e *O menino no espelho* (1982).

Plínio Salgado/Estadão Conteúdo

2 Fernando é o personagem principal do filme.

a) Como ele se caracteriza? Marque:

◯ criativo	◯ competitivo	◯ aventureiro
◯ amigo	◯ inventivo	◯ tímido
◯ curioso	◯ medroso	◯ egoísta

b) Justifique suas respostas ao item **a** oralmente, lembrando episódios do filme que comprovem suas escolhas.

3 Fernando pode ser considerado um menino comum, pois adora fazer algumas coisas e não gosta de fazer outras.

Reprodução/Produção: Camisa Listrada Ltda.

a) O que ele mais gosta de fazer?

____

____

____

b) O que ele não gosta de fazer?

____

c) Que solução ele encontra para não ter de fazer as coisas de que não gosta?

____

4 O surgimento de Odnanref muda a história.

a) Como foi formado o nome Odnanref?

____

b) Além do nome, que outras características Odnanref tem que são opostas às de Fernando?

____

____

____

c) Odnanref é fruto da imaginação de Fernando ou é um acontecimento da realidade?

____

d) Alguma vez você já imaginou se desdobrar em duas pessoas ou ter um amigo imaginário? Se sim, conte aos colegas como foi essa experiência.

5 Leia este trecho do livro *O menino no espelho*, de Fernando Sabino, no qual o filme se baseou:

Reprodução/Produção: Camisa Listrada Ltda.

Odnanref me revelava verdadeiras maravilhas. Conhecia coisas do outro mundo. Me contou que existe vida em outros planetas, em milhões deles, com tudo igual à vida na Terra, reprodução exata de tudo que aqui acontece, as mesmas pessoas, os mesmos países, os mesmos problemas. Que no mundo dos espelhos, de onde ele viera, era possível viajar para o passado, correr séculos até o princípio dos tempos e a criação do universo. Ou ir para o futuro, saber o que aconteceria de hoje até o final dos tempos. E mais — ele dizia com a sua voz igualzinha à minha:

— Todo mundo tem na vida uma oportunidade de ser dois. Nos momentos de coragem, por exemplo, em que a pessoa faz coisas que se julgava incapaz. Os atos de heroísmo, nos instantes de perigo, quando a gente é capaz de pular um muro ou subir numa árvore que normalmente seria impossível de conseguir, quem você pensa que está fazendo tudo isso senão o outro?

Aquela tinha sido a minha oportunidade, jamais teria igual.

(43. ed. Rio de Janeiro: Record, 1996. p. 136-137.)

a) Essas ideias de Odnanref também estão no filme?

____

b) Troque ideias com os colegas: Como se faz a adaptação de um livro para um filme?

6 No filme, Fernando observa que, aos poucos, Odnanref começa a mudar o comportamento dele.

a) Que mudança é essa?

____

____

____

b) Que relação essa mudança tem a ver com a prima de Fernando?

____

____

____

c) Baseado em uma lei da Física, Fernando encontra uma forma de pôr fim ao reflexo dele. Qual é essa lei? Marque-a:

( ) Um corpo em movimento continuará em movimento, a não ser que alguma força interfira em sua trajetória.

( ) Quanto maior o peso de um objeto, mais rápido ele cai no chão.

( ) Dois corpos não podem ocupar o mesmo espaço.

7 O filme conta com algumas cenas de aventura e de mistério.

a) Qual das cenas se destaca?

____

b) Você acha que os fatos dessa cena podem ter acontecido na vida real?

____

8 No início do filme, preocupado com as travessuras do filho, o pai de Fernando pergunta: "O que você vai ser quando crescer?".

a) O que Fernando responde?

____

____

____

b) No final do filme, Fernando diz ao pai que já sabe o que vai ser quando crescer. O que ele diz? Como você entende essa frase?

Bruno Magalhaes/Nitro Imagens

Guilherme Fiúza Zenha, diretor do filme *O menino no espelho*.

____

____

____

____

c) O menino Fernando, depois de adulto, virou o escritor Fernando Sabino. Você acredita que o escritor manteve o menino vivo dentro de si? Por quê?

____

____

____

9 Troque ideias com os colegas e o professor:

a) Como você avalia o desempenho dos atores? Quem se saiu melhor e por quê?

b) Como você avalia a caracterização e a ambientação da época?

c) O desenvolvimento da história é envolvente?

d) Qual é a sua opinião sobre a música do filme?

10 O diretor do filme, Guilherme Fiúza Zenha, encontrou uma forma de homenagear o escritor Fernando Sabino no filme. De que modo ele fez isso?

____

____

____

____

11 Muitos críticos de cinema avaliam os filmes dando a eles estrelas: uma estrela significa péssimo e cinco estrelas significam excelente.

a) Dê uma nota ao filme, pintando as estrelas.

☆ ☆ ☆ ☆ ☆

b) Junte-se aos colegas, façam uma votação e vejam qual seria a nota média da turma para o filme a que vocês assistiram.

PRODUÇÃO DE TEXTO

O TEXTO TEATRAL (I)

Você assistiu a um filme com roteiro adaptado de um romance de Fernando Sabino. No teatro, as adaptações também são muito comuns. Romances, contos, contos maravilhosos e até histórias em quadrinhos têm sido adaptados para o teatro.

Você conhece a história da Chapeuzinho Vermelho e do Lobo Mau, mas já pensou em como seria essa história no palco, representada por atores de verdade, que falam, se movimentam, riem, cantam?

A escritora Maria Clara Machado imaginou tudo isso e transformou esse conto em uma divertida peça teatral. Conheça uma parte da peça:

CAÇADOR

(*Bate à porta*) Ó de casa! (*Torna a bater*) Dona Quinquinhas! Dona Quinquinhas!

VOVÓ

Alguém me chamou?

CAÇADOR

(*Entrando*) Fui eu, dona Quinquinhas, o caçador Pedro Pirlimplimplim, filho do velho lenhador Pedro Porlomplomplom... sou o caçador da floresta...

VOVÓ

Ah! O vendedor da festa? Senta, meu filho... vou buscar um cafezinho para refrescar um pouco.

Filipe Rocha/Arquivo da editora

CAÇADOR

Não precisa não, dona Quinquinhas, quero só saber se não passou por aqui um lobo muito peludo, muito magro, muito feio?...

VOVÓ

O quê?

CAÇADOR

Um L-O-B-O!

VOVÓ

Ah! Bolo! O sr. prefere café com bolo, não é? Está bem, vou buscá-lo... (*Sai resmungando*) Vendedor da festa... vendedor da festa...

CAÇADOR

Não é isto não. Oh! ela é surda. Não adianta insistir. Não tenho tempo a perder. O bichão deve estar por aqui e um caçador que se preza não deixa escapar um malvado assim à toa. Esta senhora está em perigo. Ela precisa de mim. (*Ritmos do caçador quando ele sai*) Como cansa ser herói! (*Sai de cena.*)

LOBO

(*Aproveitando o ritmo do caçador, entra em cena*) Como cansa ser bandido! Ah! ah! ah! ah!... (*Entra na casa, examina um pouco e, quando pressente a velhinha voltando, põe apressadamente o chapéu do caçador na cabeça.*)

Filipe Rocha/Arquivo da editora

VOVÓ

(*Entrando*) O bolo já vem aí... (*Ri; dá a xícara ao lobo e senta-se na cadeira*) Pois é, meu filho, eu estava mesmo precisando de companhia... Fico tão sozinha aqui... mas você vende festa, é?... para quê, hem?...

LOBO

(*Percebendo que ela não notou a mudança*) Para arranjar dinheiro para os pobrezinhos... (*à parte*) Ela nem notou a mudança. Além de surda, não enxerga bem... está para mim... ah! ah! ah! ah!

VOVÓ

(*Notando que ele ri, e que é feio*) O senhor está sentindo alguma coisa? Está com frio? Para que tanta roupa? Está doente?

LOBO

(***Matreiro***) Estou doente, sim...

VOVÓ

Do dente, coitado!

LOBO

Do dente, não, doente da alma...

VOVÓ

Calma... É preciso mesmo muita calma, sr. vendedor...

LOBO

Não sou vendedor, sou caçador.

VOVÓ

Muita dor, é? Coitado...

LOBO

(*Perdendo a paciência*) Não sou vendedor nem tenho dor nenhuma... Sou o lobo mau e vou comer a senhora agora mesmo... (*Trepa no baú e ameaça a vovó com caras horrorosas.*)

VOVÓ

Coitadinho do senhor... Imagino como essa dor o põe nervoso... Vou buscar um chá de ervas que cura tudo... (*O lobo rosna*) Cura... cura tudo, até nervoso... (*Da porta*) É uma erva milagrosa que plantei na minha horta... (*Sai*) Feio este vendedor, meu Deus. Parece o finado compadre Gervásio. (*A vovozinha fica meio perdida no meio do palco*) Iiii... este caminho está comprido hoje... acho que estou ficando ceguinha... já nem conheço mais a estrada...

[...]

("O Chapeuzinho Vermelho". *In*: *Teatro 1*. 6. ed. Rio de Janeiro: Agir, 1975. p. 145-148.)

matreiro: esperto, sabido.

1 O trecho lido mostra um diálogo entre a avó de Chapeuzinho Vermelho e o caçador. Por que o caçador foi à procura da vovó?

____

____

2 O caçador se apresenta como Pedro Pirlimplimplim, filho do lenhador Pedro Porlomplomplom.

Filipe Rocha/Arquivo da editora

a) Como ele é caracterizado na história? Justifique sua resposta.

____

____

____

b) Como ele se sente ao se preocupar com a vovó e se dispor a impedir que ela caia nas garras do lobo? Justifique sua resposta com um trecho do texto.

____

____

3 Em contos maravilhosos ou em fábulas, quem conta a história é um narrador. Comparando esses textos com o texto teatral, podemos observar que o texto teatral se organiza de forma diferente.

a) No texto teatral, há um narrador que conduz os fatos da história?

____

b) Como, então, conhecemos a história?

____

c) Como são reproduzidas as falas dos personagens? Explique.

4 Com a ausência do narrador, as características dos personagens vão sendo transmitidas por meio dos diálogos e das ações deles.

a) Quanto ao aspecto físico, como o Lobo Mau é visto pelos outros personagens da história?

b) Quanto ao caráter, como ele é?

5 A vovó Quinquinhas é retratada com humor.

a) Qual é a característica da vovó mais destacada na peça? Qual é a consequência dessa característica no desenvolvimento da história?

b) Que outra característica física da vovó também é apresentada? Que importância essa característica tem no desenvolvimento dos fatos?

____

____

6) Como o conto maravilhoso, a fábula e o cinema, o texto teatral também narra uma história, com personagens e fatos que acontecem em determinado tempo e lugar. No texto teatral lido:

a) Onde acontecem os fatos narrados?

____

b) Quem são os personagens que vivem os fatos narrados?

____

7) O texto teatral é escrito para ser representado. Com base na leitura feita pela turma, quanto tempo duraria aproximadamente essa cena, se fosse representada?

____

8) Além do nome dos personagens e das falas deles, há no texto teatral alguns trechos em letras de tipo diferente, em geral itálico, e quase sempre entre parênteses. Esses textos são chamados de **rubricas**. Veja:

LOBO

(*Perdendo a paciência*) Não sou vendedor nem tenho dor nenhuma... Sou o lobo mau e vou comer a senhora agora mesmo... (*Trepa no baú e ameaça a vovó com caras horrorosas.*)

Filipe Rocha/Arquivo da editora

a) O que a rubrica "(*Perdendo a paciência*)" indica?

____

____

b) E a rubrica "(*Trepa no baú e ameaça a vovó com caras horrorosas.*)"?

____

____

9 A linguagem do texto está de acordo com a norma-padrão? Ela é formal ou informal? É adequada à situação?

____

____

____

____

10 Agora, reúna-se com os colegas e, seguindo a orientação do professor, escreva as características básicas do texto teatral.

____

____

____

____

____

____

____

DE OLHO NA ORALIDADE: LENDO EXPRESSIVAMENTE O TEXTO TEATRAL

Forme um grupo, reunindo-se com mais dois colegas para fazer a leitura da peça *O Chapeuzinho Vermelho*. Distribuam os papéis, de modo que cada integrante do grupo leia as falas de um personagem. Ao lerem, sigam estas instruções:

- Imaginem como os atores falariam no palco. Usem uma voz mais fina ou mais grossa, pronunciem as palavras de modo mais apressado ou mais lento, ameaçador ou tranquilo, mais alto ou mais baixo, conforme as situações.
- Valorizem os sinais de pontuação, como o ponto de exclamação e as reticências, dando ênfase às palavras ou criando pausas entre elas.
- Não leiam em voz alta os trechos em letras diferentes, que estão entre parênteses (as rubricas). Eles existem apenas para orientar o ator.

Quando a leitura soar natural e expressiva, se apresentem à turma.

Giz de Cera/Arquivo da editora

AGORA É A SUA VEZ

Max Topchii/Shutterstock

Ao final desta unidade, na **Oficina de criação**, você e os colegas vão participar do projeto **Fazendo teatro**, no qual vão apresentar peças teatrais para crianças de outras turmas, professores e funcionários da escola, pais, familiares e amigos. Por isso, é preciso começar a produzir os textos teatrais.

Forme um grupo de quatro pessoas. Um de vocês fará o papel do caçador, outro do lobo, outro da avó e outro o papel da Chapeuzinho Vermelho.

Imaginem o que acontece logo depois da cena lida. Será que a vovó vai reconhecer o lobo? Será que o caçador vai voltar à casa da vovó? E Chapeuzinho Vermelho, em que momento ela vai aparecer?

Deem continuidade à história, criando mais algumas cenas. Se quiserem, inventem situações novas, que não existem no conto "Chapeuzinho Vermelho" original.

PLANEJAMENTO DO TEXTO

- Coloquem o nome dos personagens antes das falas de cada um e, entre parênteses, as rubricas para indicar movimento, modo de falar, jeito de se expressar, etc.
- Procurem criar falas que sejam naturais, com linguagem informal, e que combinem com os personagens, isto é, que estejam de acordo com o perfil de cada um.
- Criem fatos que atraiam a atenção do público, por meio de ação, suspense ou humor.

- Imaginem um final interessante, isto é, engraçado ou surpreendente.

Igor Bulgarin/Shutterstock

REVISÃO E REESCRITA

- A história se desenvolve sem a presença de um narrador?
- A história continua a partir do mesmo lugar (casa da vovó) em que ocorre a cena anterior?
- O nome dos personagens aparece antes das falas deles?
- Há rubricas de movimento e de interpretação?
- Os fatos prendem a atenção do público?
- O final é engraçado ou surpreendente?
- A linguagem está de acordo com os personagens e com as situações vividas por eles?

Se necessário, façam correções e passem o texto a limpo.

DIVIRTA-SE

© Fernando Gonsales/Acervo do cartunista

(*Folha de S.Paulo*, 22/7/2011.)

CAPÍTULO 2

TODOS AO TEATRO!

LEITURA

Você vai conhecer uma parte da premiada peça teatral *O dragão verde*, de Maria Clara Machado, que ganhou o prêmio Mambembe em 1984. Na primeira cena, são mostrados a vida na cidade e o medo que a população tem do dragão verde. Agora, leia a segunda cena inteira e parte da terceira cena.

Jean Galvão/Arquivo da editora

2ª CENA

Corte, Pajens entram e fazem a mudança do cenário. Arrumam em cena três tronos: um maior, um médio e um menor. O Rei, a Rainha e a Princesa entram e se instalam nos tronos. Segue o Primeiro-Ministro e a Ama. Por último entra o Bobo da Corte e senta-se próximo do Rei. O Rei está arrasado. Tira a coroa e entrega-a ao Primeiro-ministro.

REI — Não aguento mais isto, Ministro. Me pesa demais. Mande fabricar uma mais leve...

MINISTRO — Pois não, Majestade.

RAINHA — Aguenta, Dagoberto! Aguenta!

BOBO — Aguenta, Dagoberto! Aguenta!
REI — Tenho que aguentar, Fininha?
RAINHA — Claro, Dagoberto.
BOBO — Claro, Dagoberto.
REI — Então, vamos aos assuntos do dia, Ministro.
MINISTRO (*desabafando*) — Desta vez, Majestade, ele abusou. Comeu seis damas da corte, cinco deputados federais, um vereador municipal, dois tenentes, quatro crianças inteligentíssimas e um bispo aposentado.
REI (*quase chorando*) — Não aguento mais... Pobre povo, pobre reino. Se isto continuar, acabaremos um deserto. Estou cansado de lutar... Estou velho... (*Começa a chorar.*)
RAINHA — Pare de chorar, Dagoberto. Isto são maneiras de se comportar?
REI — Temos que matar esse dragão!
MINISTRO — E se convocarmos o nosso exército de novo contra ele?
REI — Não adianta e você sabe disto. Da última vez que convoquei a infantaria, a metade de nossos bravos soldados foi tragada numa nuvem de fogo. Um horror!
MINISTRO — E a artilharia?
REI — As balas pareciam bolas de gude. A casca do Dragão é intransponível!
MINISTRO — Aviões?
REI — Ele estraçalhou um jumbo com uma rabada só. Nada vence o Dragão!
MINISTRO — Temos que encontrar um herói.
REI — É isto, Ministro. Um herói! Só um herói é capaz de enfrentar este dragão. Mas onde? Onde encontrar este herói? Estão todos tão ocupados nas suas lutas particulares... íntimas... já se foi o tempo...
MINISTRO — E se déssemos um prêmio ao vencedor? O senhor sabe, Rei, um pouco de incentivo não faz mal a ninguém, e o povo adora prêmios.
REI — Você quer dizer incentivos fiscais?
MINISTRO — Não.

REI — Uma televisão a cores, carros, bicicletas... Coisas assim?

(*Bobo ri e bate palmas.*)

MINISTRO — Não. Isto já está muito gasto. Batido. Tem que ser um prêmio maior.

REI — Uma viagem ao estrangeiro?

(*Bobo ri e bate palmas.*)

MINISTRO — Não.

REI — Um emprego na câmara dos vereadores?

(*Bobo ri e bate palmas.*)

MINISTRO — Não.

REI — Claro. Já sei. Um prêmio tão velho como o mundo! Aquele que vencer o Dragão Verde ganhará a mão de minha filha, a Princesa Filosel Aurora!

(*Filosel se sobressalta e fica de pé.*)

FILOSEL — Eu?

REI — Filha, você seria capaz de se sacrificar pelo povo?

FILOSEL — Como, pai?

REI — Se casando com o herói que vencer o Dragão Verde.

FILOSEL — É preciso, Rei-pai?

REI — É.

FILOSEL — Então, eu caso.

(*Suspiro. Filosel se abraça à Ama.*)

Jean Galvão/Arquivo da editora

3ª CENA

[...]

ARAUTO — Atenção, povo: vem vindo o Rei Dagoberto com a Rainha e a Princesa, para que todos vejam o prêmio maravilhoso que está oferecendo para quem conseguir vencer o terrível monstro: sua única filha e herdeira do trono, Filosel Aurora de Orleans e Bonança; bela, prendada, cose, borda, cozinha, faz tricô, joga voleibol, ama os pobres, leu *O Pequeno Príncipe* e toca acordeom.

(*A corte passa. Todos estão de boca diante da Princesa. Depois começa um tumulto na praça, quando todos falam ao mesmo tempo elogiando a beleza da Princesa.*)

POVO — É linda! Parece uma flor! Está tão triste! Quem será o felizardo? Eu vou matar o dragão, Princesa. É muito linda!

(Chega o Professor Golias com uma tabuleta onde se lê: "Vestibular de heróis — Mestre Golias".)

GOLIAS — Atenção! Atenção!

(Povo vira-se e lê a tabuleta.)

POVO — Vestibular de heróis? Mestre Golias?

GOLIAS — Sou Mestre Golias, professor do curso de vestibular de heróis. Curso rápido em dez lições. A mão da Princesa em apenas dez lições, por apenas dez mil cruzeiros; sujeitos, é claro, a juros, correção monetária etc. Ensino a matar dragões pelos métodos mais modernos, escola russa ou americana, a escolher: esgrima, caratê, veneno, revólver, bazuca ou hipnotismo, diplomacia ou esperteza.

POVO — Eu quero... Tenho que ganhar... Eu também quero...

GOLIAS — Venham todos. O dinheiro primeiro, depois a aula. Tragam suas espadas. O curso não fornece. As espadas são fornecidas pelos alunos. E não se esqueçam da taxa de matrícula.

(O povo sai atrás do Professor Golias.)

[...]

(*Os cigarras e os formigas e outras peças.* Rio de Janeiro: Nova Fronteira, 2009. p. 128-136.)

QUEM É MARIA CLARA MACHADO?

Maria Clara Machado (1921-2001) nasceu em Belo Horizonte (MG), mas passou a maior parte da vida no Rio de Janeiro.
Foi atriz de teatro e cinema e escreveu mais de trinta peças infantis, três livros para crianças e três peças para adultos.
Entre suas obras mais conhecidas estão *Pluft, o fantasminha*, *O Chapeuzinho Vermelho*, *O rapto das cebolinhas* e *A bruxinha que era boa*.
Ao longo de sua carreira, ganhou vários prêmios.

Sidney Corralo/Estadão Conteúdo

OS SENTIDOS DO TEXTO

1 Você já sabe que, no texto teatral, geralmente não há narrador.

a) Então, como ficamos sabendo quem está falando?

____

____

b) Como sabemos quando acontece a movimentação dos personagens, os efeitos de luz e som, etc.?

____

2 No início do texto há uma longa rubrica, formada por um parágrafo inteiro. Marque o que a rubrica informa:

- ◯ altura de voz dos personagens
- ◯ arrumação do palco
- ◯ movimentação dos personagens
- ◯ estado emocional dos personagens
- ◯ efeitos de som e de luz

3 Na cena, o rei e a família conversam com o ministro, na companhia da ama e do bobo.

a) Como o rei é caracterizado nessa cena? Justifique sua resposta.

____

____

____

b) O que preocupa e abate tanto o rei?

c) Por que o rei se sente inicialmente encurralado, sem saída?

4 Observe o comportamento do bobo nessa cena.

a) O que ele faz?

b) Que efeito tem o papel do bobo na peça?

5 Observe a fala do arauto na 3ª cena.

a) Deduza: Qual é a função de um arauto?

b) A descrição da princesa é feita com humor. Explique por quê.

6 A oferta do rei para matar o dragão chama a atenção do povo de Verdes Campos, e surgem vários interessados. Qual é o real interesse desses candidatos?

____

____

____

Cena da peça *O dragão verde*, encenada em 2007. Com Gregório Duvivier e Isabella Camero.

7 O professor Golias tem um curso chamado "Vestibular de heróis".

a) Qual é o objetivo do curso?

____

b) Considerando que a decisão do rei era muito recente, o que se pode imaginar sobre os interesses e o caráter do professor Golias?

____

____

____

c) Quais elementos do texto comprovam sua resposta ao item anterior?

____

____

____

____

A LINGUAGEM DO TEXTO

1 Além do parágrafo inicial, formado por uma longa rubrica, há outras rubricas ao longo do texto.

a) Com que tipos de letra e sinais gráficos elas estão escritas no texto?

____

____

b) O que informam essas rubricas? Escreva, nos parênteses, o que cada rubrica expressa, usando os códigos:

EE — estado emocional
EF — expressão facial
M — movimentação

- "(desabafando)": (   )
- "(quase chorando)": (,   )
- "(começa a chorar)": (,   )
- "(Bobo ri e bate palmas)": (,   )
- "(Filosel se sobressalta e fica em pé)": (,   )

2 A indicação de quem está falando também é feita por meio de uma rubrica. Que sinal de pontuação é utilizado para introduzir a fala do personagem?

____

3 Observe o tempo em que são empregados os verbos do texto.

a) Eles são empregados no presente ou no passado?

____

b) Troque ideias com os colegas: Por que predomina esse tempo verbal no texto?

TROCANDO IDEIAS

1. Nos tempos antigos, eram considerados heróis os homens destemidos e fortes, capazes de vencer qualquer obstáculo. Nos dias de hoje, ainda existem heróis como nos velhos tempos ou o perfil dos heróis mudou?

2. Você acha que precisamos de grandes heróis para viver em paz? E quem seriam esses heróis?

REFLEXÃO SOBRE A LINGUAGEM

A PONTUAÇÃO: O EMPREGO DA VÍRGULA E DE OUTROS SINAIS

Em anos anteriores, você aprendeu a usar alguns sinais de pontuação. Neste capítulo, você vai rever esses sinais e aprender a respeito do emprego da vírgula.

1. Observe estas frases do texto:

> "RAINHA — Aguenta, Dagoberto! Aguenta!
> REI — Tenho que aguentar, Fininha?"

a) Por que o sinal de exclamação foi empregado após a palavra **Dagoberto** e após a palavra **Aguenta**?

____

____

____

Jean Galvão/Arquivo da editora

b) Por que foi empregado um travessão (—) entre a palavra **RAINHA** e a fala da rainha?

____

____

c) Por que foi empregado o ponto de interrogação na segunda frase?

____

____

2 Agora, releia este trecho: "Estou cansado de lutar... Estou velho... (*Começa a chorar.*)". Por que as reticências foram empregadas duas vezes nesse trecho?

____

____

3 Observe o emprego das vírgulas nestes trechos do texto:

- "REI — Filha, você seria capaz de se sacrificar pelo povo?"
- "FILOSEL — É preciso, Rei-pai?"

Nas duas frases, há um **vocativo** isolado por vírgula. Vocativo é a palavra ou expressão que nomeia a pessoa com quem se fala.

a) Com quem o rei fala na primeira frase? Que palavra ele usa para se dirigir ao seu interlocutor?

____

____

____

b) Com quem Filosel fala na segunda frase? Que palavra ela usa para se dirigir ao seu interlocutor?

____

____

____

c) Nessas frases, qual é a posição da vírgula: antes ou depois do vocativo?

____

____

d) Como seria a pontuação do vocativo, caso ele viesse no meio da frase? Pontue:

— Você seria capaz filha de se sacrificar pelo povo?

4 Releia este outro trecho do texto:

> "[...] sua única filha e herdeira do trono, Filosel Aurora de Orleans e Bonança; bela, prendada, cose, borda, cozinha, faz tricô, joga voleibol, ama os pobres, leu *O pequeno príncipe* e toca acordeom."

Observe que a partir da palavra **bela** há uma enumeração.

a) O que é enumerado nesse trecho?

____

____

b) Que sinal de pontuação é empregado para isolar cada um dos elementos da enumeração?

____

5 Agora, leia estes outros trechos do texto:

- "[...] sua única filha e herdeira do trono, Filosel Aurora de Orleans e Bonança"
- "Sou Mestre Golias, professor do curso de vestibular de heróis."
- "[...] ganhará a mão de minha filha, a Princesa Filosel Aurora!"

Jean Galvão/Arquivo da editora

Observe que em cada frase há duas partes: a segunda parte (depois da vírgula) explica uma palavra ou expressão que veio antes da vírgula.

a) Qual é a expressão que o nome da princesa, Filosel Aurora de Orleans e Bonança, explica?

____

____

b) Qual é a expressão que o termo "professor do curso de vestibular de heróis" explica?

____

c) Qual é a expressão que o termo "a Princesa Filosel Aurora" explica?

____

RETOMANDO OS SINAIS DE PONTUAÇÃO

Nos anos anteriores, você aprendeu alguns sinais de pontuação. Reveja-os:

- **Ponto:** encerra uma frase.
"Então vamos aos assuntos do dia, Ministro**.**"
- **Ponto de exclamação:** dá ênfase à frase ou à fala de um personagem.
"Temos que matar este dragão**!**"
- **Ponto de interrogação:** em frases interrogativas, marca o tom de pergunta ou de dúvida.
"Filha, você seria capaz de se sacrificar pelo povo**?**"

- **Reticências:** podem marcar uma interrupção, uma hesitação, um pensamento ou uma fala que ainda não se completou.
"Não aguento mais**...** Pobre povo, pobre reino."
- **Dois-pontos:** introduz uma explicação ou, na narrativa, a fala de um personagem.
"Atenção, povo**:** vem vindo o Rei Dagoberto com a Rainha e a princesa [...]"

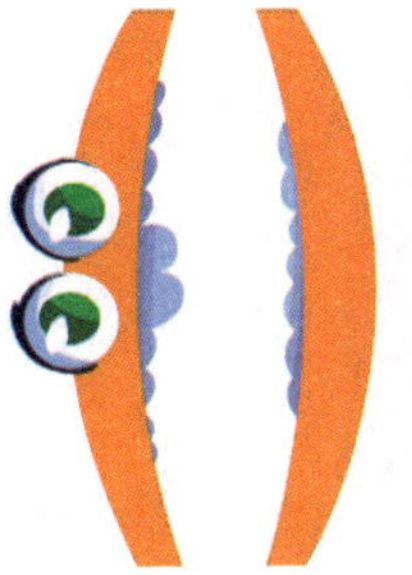

- **Travessão:** isola palavras e orações e, nos diálogos, introduz a fala de um personagem.
"28 de fevereiro **—** último dia do mês **—** é a data do casamento."
"**—** É linda! Parece uma flor! [...]"
- **Parênteses:** são empregados para isolar um termo que pode ser uma explicação de algo dito anteriormente ou uma informação complementar e para isolar as rubricas nas peças teatrais.
"Capivara é um nome de origem tupi que significa comedor de capim **(**caapii-uara**)**."
"**(***O povo sai atrás do professor Golias***)**"

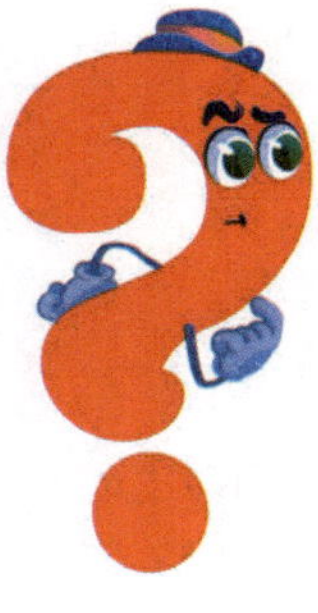

Ilustrações: Ilustra Cartoon/Arquivo da editora

A VÍRGULA

Neste capítulo, você observou o emprego da vírgula em algumas situações.

A **vírgula** (**,**) é um sinal de pontuação que serve para organizar, separar e isolar partes de uma frase, tornando-a mais clara.

São muitos os casos de emprego de vírgula. Separar os itens de uma enumeração é um deles. Neste ano, você vai aprender alguns dos casos. Emprega-se vírgula para:

1. separar os elementos de uma enumeração ou sequência:

"[...] sua única filha e herdeira do trono, Filosel Aurora de Orleans e Bonança; bela, prendada, cose, borda, cozinha, faz tricô, joga voleibol, ama os pobres, leu *O pequeno príncipe* e toca acordeom."

Nesse trecho da peça, o arauto enumera as qualidades da princesa Filosel e separa-as com vírgula. No final das enumerações, é comum empregar a palavra **e** em vez de vírgula, como acontece em "**e** toca acordeom".

2. isolar o vocativo, isto é, a palavra ou expressão que nomeia a pessoa com quem se fala:

- "REI — Filha**,** você seria capaz de se sacrificar pelo povo?"
- "FILOSEL — É preciso**,** Rei-pai?"
- — Você seria capaz**,** filha**,** de se sacrificar pelo povo?

Nessas frases, os vocativos **Filha**, **Rei-pai** e **filha** são isolados por vírgula. Quando o vocativo se situa no meio da frase, ele é isolado por duas vírgulas.

3. isolar o aposto, isto é, um termo que explica ou especifica uma palavra ou expressão mencionada anteriormente:

- "Sou Mestre Golias**,** professor do curso de vestibular de heróis."
- "[...] ganhará a mão de minha filha**,** a Princesa Filosel Aurora!"

Nessas frases, são isolados por vírgula o aposto "professor do curso de vestibular de heróis", que explica quem é o "Mestre Golias", e o aposto "a Princesa Filosel Aurora", que explica quem é a "filha" a que ele se refere.

4. isolar expressões explicativas, como *isto é, por exemplo, quer dizer, ou seja*:

"Tamanduá-Bandeira: Come insetos pequenos, que engole sem mastigar. Possui unhas fortes que usa, **por exemplo**, para abrir cupinzeiros. Apesar de enxergar e escutar mal, seu olfato é 40 vezes melhor que o do homem."

(Disponível em: http://guiadoscuriosos.uol.com.br/categorias/2074/1/ bichos-brasileiros.html. Acesso em: 25/2/2021.)

"Apenas 2,7% da água mundial pode ser consumida. **Ou seja**, se toda a água do mundo coubesse em uma garrafa de 1 litro, apenas meia gotinha seria potável."

(Disponível em: https://www.guiadoscuriosos.com.br/curiosidades/perguntas-curiosas/costumes/agua/10-curiosidades-sobre-a-agua/. Acesso em: 25/2/2021.)

Você sabe qual é a diferença entre touro e boi? Muita gente não sabe. Leia o texto a seguir, com explicações do biólogo Guilherme Domenichelli.

alberto clemares exposito/Shutterstock

"Touro" e "boi" são usados para machos adultos das vacas, e a diferença é bem simples. Touro é o macho adulto fértil ou seja que pode reproduzir ter filhotes . Já o boi é o macho adulto que foi castrado por meio de algum procedimento veterinário e, assim, não pode reproduzir. Bois e outros animais de grande porte são usados ao redor do mundo para trabalhos como puxar carroças ou arado um aparelho que mexe na terra e facilita a plantação de alimentos . Esses animais são esterilizados para ficar mais mansos e facilitar o manejo e o trabalho, já que o hormônio masculino aumenta a agressividade. Dependendo da idade e do sexo, o gado recebe nomes diferentes. As fêmeas adultas são chamadas de vacas os filhotes machos ou fêmeas são chamados de bezerros fêmeas jovens que ainda não tiveram bezerros são chamadas de vaquinhas machos jovens que ainda estão mamando são chamados de vitela e machos jovens que já foram castrados são chamados de novilho.

(Jornal *Joca*. Disponível em: https://www.jornaljoca.com.br/duvida-animal-qual-e-a-diferenca-entre-o-touro-e-o-boi/. Acesso em: 25/2/2021.)

1 Junte-se a um colega e pontuem corretamente o texto lido. Dele, foram propositalmente eliminados apenas parênteses e vírgulas. Quando concluírem, confrontem as respostas de vocês com as de outros colegas.

2 Os sinais de pontuação foram eliminados da trovinha a seguir. Pontue o texto, empregando vírgula, ponto de interrogação, travessão e ponto.

O que posso lhe trazer
Quando vier de Salvador
Me traga alegria prazer
Dez acarajés e seu amor

Ilustra Cartoon/Arquivo da editora

3 As frases a seguir representam um diálogo e nelas foram empregados vocativos. Pontue adequadamente as frases, empregando vírgulas, travessão, ponto, ponto de exclamação e ponto de interrogação.

Márcio venha aqui um pouquinho

Você ouviu Márcio que sua mãe está chamando

Já estou indo pai

4 Reescreva as frases a seguir, empregando vírgula onde for necessário.

a) É preciso apresentar a certidão de nascimento para você tirar o RG isto é sua carteira de identidade.

____

____

b) Não venha me dizer Carlos que você não trouxe as fichas os textos as anotações e o livro.

____

____

c) Paulinho você pode me fazer o favor de pôr as camisetas as cuecas as gravatas e as meias nas gavetas?

____

____

d) Ziraldo o criador do Menino Maluquinho nasceu em Caratinga cidade de Minas Gerais.

____

____

DE OLHO NA LEITURA E NA ESCRITA: EMPREGO DE -RAM E -RÃO

Leia esta tira, de Ziraldo:

© Ziraldo Alves Pinto/Acervo do cartunista

(*O Menino Maluquinho 1 — As melhores tiras*. Porto Alegre: L&PM, 1995. v. 1, p. 13.)

1 Por que, provavelmente, o Menino Maluquinho está com medo de escrever a redação sobre as férias?

____

____

____

____

2 Na tira, foram empregados verbos no passado. Identifique as duas formas verbais no passado, referentes às férias dos alunos.

____

3 Como ficariam as frases a seguir se os verbos fossem passados para o futuro?

a) Como foram suas férias?

____

b) O que vocês fizeram nas férias?

____

4 Compare estas frases:

Os alunos **escreveram** uma redação sobre as férias.
Os alunos **escreverão** uma redação sobre as férias.

Qual das duas frases indica:

a) algo que já aconteceu?

____

b) algo que ainda vai acontecer?

____

5 Pronuncie as palavras **escreveram** e **escreverão** e note a diferença de som entre elas.

a) Qual das duas palavras tem a sílaba **ve** pronunciada de modo mais forte?

____

b) Em qual delas a última sílaba é pronunciada de modo mais forte?

____

6 Na escrita, a diferença entre as palavras **escreveram** e **escreverão** está na grafia da última sílaba: **-ram** e **-rão**. Conclua:

a) Qual dessas terminações indica o passado?

____

b) Qual indica o futuro?

____

© Ziraldo Alves Pinto/Acervo do cartunista

7 Observe como se apresenta uma frase quando queremos indicar que algo acontece no presente, ou já aconteceu (passado), ou ainda vai acontecer (futuro).

Hoje, eles **compram** neste supermercado. (presente)
Ontem, eles **compraram** neste supermercado. (passado)
Amanhã, eles **comprarão** neste supermercado. (futuro)

Passe para o passado e para o futuro as frases:

a) Hoje, será que eles falam a verdade?

____

____

____

b) Hoje, as crianças dormem na casa da avó.

____

____

____

c) Hoje, os meninos pagam a conta.

____

____

____

8 Imagine que um repórter apressado, ao escrever no computador uma notícia para o jornal em que trabalha, se esqueceu de digitar algumas letras de algumas palavras. Com um colega, descubra quais são essas letras e reescreva as palavras em que isso ocorreu, completando-as.

Gato vira "carteiro" durante a pandemia

Reprodução/Instagram

Billy, um gato que mora no Reino Unido, saía tanto para passear que fez amizade com uma das vizinhas. Ela ficou tão acostumada com as visitas do felino que resolveu avisar os donos dele e escreveu um bilhete para colocar na coleira de Billy: "Seu gato sempre vem me visitar". Ao receber o bilhete, os donos do felino responder à vizinha com uma nova carta colocada na coleira do gato e, graças aos passeios constantes do bichano de uma casa para a outra, eles começar a se corresponder com frequência e virar amigos. Por causa de Billy, mesmo sem sair de casa, os vizinhos — que nunca se vir ao vivo — troca receitas, dicas de filmes e até desabafos sobre o isolamento social por meio do pequeno "carteiro".

(Jornal *Joca*. Disponível em: https://www.jornaljoca.com.br/dia-do-gato-quatro-vezes-que-os-felinos-protagonizaram-casos-malucos/?refresh=true. Acesso em: 25/2/2021.)

BRINCANDO COM PALAVRAS

1 Será que você consegue ler tudo o que está escrito nas duas adivinhas a seguir? Descubra o que você deve fazer para lê-las.

É verde, mas não é planta,
Fala com voz estridente
Canta, reza, xinga e ri
Este bicho inconsciente.

Tenho rabo, mas não sou gato,
Sem asas posso voar,
Se me largarem não subo,
Saio ao vento pra brincar.

Ilustra Cartoon/Arquivo da editora

(Edméia Faria. *O que é? O que é?* 2. ed. Belo Horizonte: Miguilim, 2000.)

Agora, responda:

a) As palavras que você descobriu nas adivinhas são formas verbais. Em que tempo elas estão: no presente, no passado ou no futuro? ______________________________

b) Qual é a resposta de cada adivinha?

____

2 Para escrever mensagens secretas a seus soldados, o imperador romano Júlio César usava vários métodos. Um deles era substituir cada letra da mensagem original por outra que estivesse três casas depois no alfabeto. Assim, a palavra **HORA**, por exemplo, viraria **KRUD**. Essa técnica é chamada de Cifra de César.
Na escrita da frase abaixo, foi utilizada essa técnica.
Tente decifrar o que está escrito.

Roberto Weigand/Arquivo da editora

RV LQLPLJRV DXDFDUDR DR DPDQKHFHU

____

3 Junte-se a um colega e encontrem no painel 7 palavras que indicam ações no passado. Depois, escreva essas palavras.

Ilustra Cartoon/Arquivo da editora

____

____

4 Leia estes quadrinhos:

(Nik. *Gaturro*. Buenos Aires: Ediciones de La Flor, 2018. v. 31, p. 60. Tradução dos autores.)

Imagine que o gato Gaturro estivesse falando de ações feitas por outros gatos no passado. Ele começaria assim:

— Eles desenrolaram...

Como ficariam os outros verbos da fala de Gaturro? Escreva as formas verbais.

___

___

___

___

PRODUÇÃO DE TEXTO

O TEXTO TEATRAL (II)

No capítulo anterior, você viu os aspectos fundamentais do texto teatral e, na abertura deste capítulo, leu um trecho da peça *O dragão verde* e pôde aprofundar seus conhecimentos sobre o gênero.

Veja, neste quadro, alguns dos aspectos fundamentais do texto dramático:

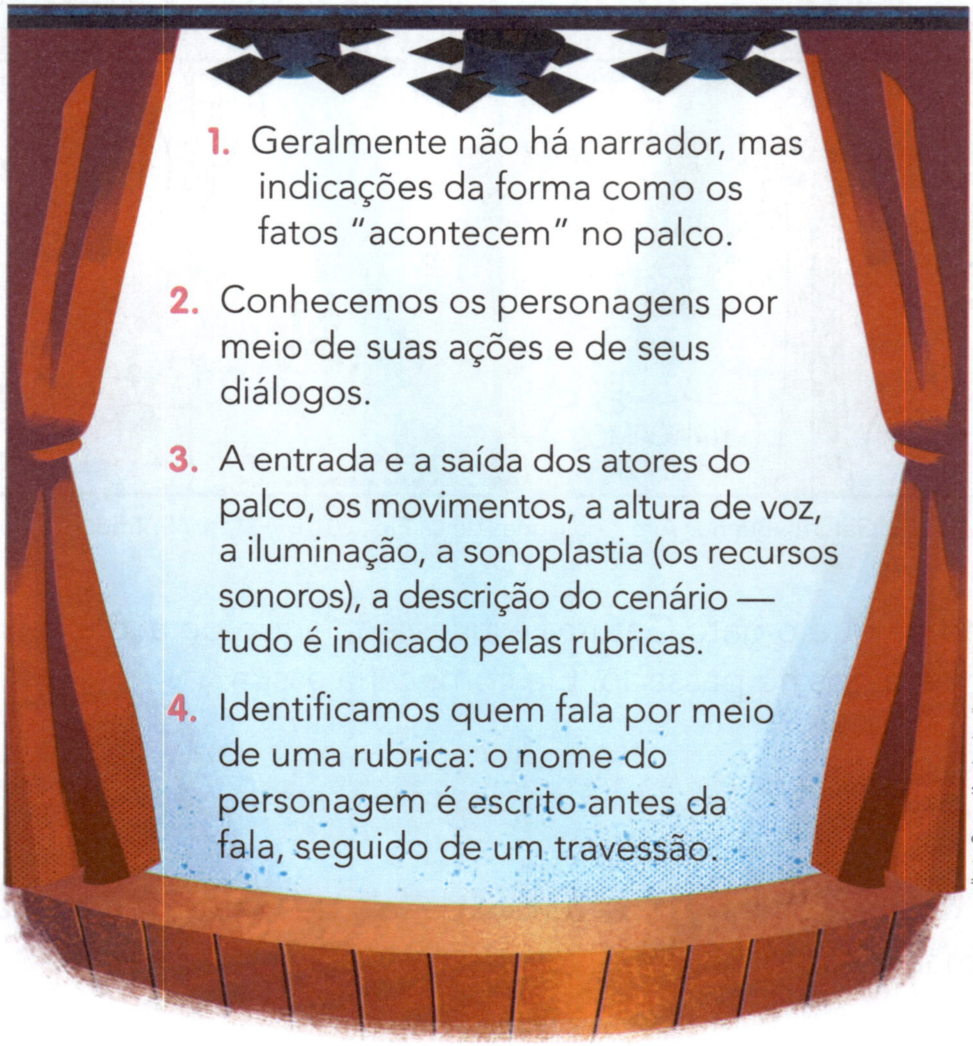

1. Geralmente não há narrador, mas indicações da forma como os fatos "acontecem" no palco.
2. Conhecemos os personagens por meio de suas ações e de seus diálogos.
3. A entrada e a saída dos atores do palco, os movimentos, a altura de voz, a iluminação, a sonoplastia (os recursos sonoros), a descrição do cenário — tudo é indicado pelas rubricas.
4. Identificamos quem fala por meio de uma rubrica: o nome do personagem é escrito antes da fala, seguido de um travessão.

Ilustra Cartoon/Arquivo da editora

AGORA É A SUA VEZ

No final desta unidade, você e os colegas vão participar de uma mostra teatral chamada **Fazendo teatro**. Para isso, é necessário dar continuidade ao processo de produção dos textos teatrais que serão encenados por vocês.

Com a orientação do professor, desenvolva ao menos uma das propostas de produção de texto teatral a seguir. Em todas, você deverá pôr em prática o que aprendeu sobre a arte teatral.

Proposta 1

Como será que continua e termina a história do *Dragão verde*? Veja um resumo dos principais fatos que acontecem depois do trecho que você leu:

- O jardineiro do palácio, Pedro, se apaixona pela princesa e resolve participar da disputa.
- Os pretendentes da princesa fazem o curso do professor Golias e se preparam para enfrentar o dragão.
- A ama da princesa sugere a Pedro que procure o "velho da floresta", um velho sábio que poderá aconselhá-lo.
- O velho ensina a Pedro qual é o ponto fraco do dragão.

Qual será o ponto fraco do dragão? Será que Pedro vai conseguir tirar proveito dessa informação? Será que vai conseguir vencer a fera e se casar com a princesa ou haverá alguma surpresa no caminho?

Com base nas informações do resumo, juntem-se em grupo e deem continuidade à peça *O dragão verde*, criando novas situações e diálogos. Se quiserem, poderão aproveitar somente parte das informações. Se preferirem, poderão também mudar os fatos da peça original e incluir novos personagens.

Proposta 2

Você já ouviu falar em **esquete teatral**? Esquete é uma peça teatral curta, ou parte de uma peça, geralmente composta de uma única cena, representada em um único espaço, com poucos personagens e de curta duração. Geralmente, o esquete é cômico, isto é, tem a finalidade de divertir o público.

Leia esta anedota, contada por Ziraldo:

O ladrão entrou na igreja pra roubar o dinheiro das missões. Pegou o canivete e, quando já ia arrancando a tampa da caixa, o padre saiu da sacristia e percebeu que tinha alguém lá.

— Quem está aí?

Sem saber o que fazer, o ladrão subiu lá pro altar e ficou com os braços abertos, em cruz, se fingindo de estátua. Ou de imagem de santo.

O padre se aproximou do ladrão-estátua e iluminou a "imagem do santo" com uma lanterna.

— Quem está aí? Responda ou eu atiro — e trocou a lanterna por um revólver.

O ladrão, apavorado, gelou e respondeu:

— Sou um anjo que apareceu pro senhor.

— Ah... É um anjo, é? Um anjo? Então voa! Voa ou eu atiro!

— Não posso, padre!

— E não pode por quê? Não é anjo? Anjo voa!

E o ladrão:

— É que eu ainda sou filhote!

Filipe Rocha/Arquivo da editora

(*As anedotinhas do Bichinho da Maçã*. São Paulo: Melhoramentos, 2006. p. 10.)

Junte-se a um colega e façam a adaptação da anedota, transformando-a em um esquete teatral.

Reescrevam o texto, suprimindo as falas do narrador e deixando apenas os diálogos entre o ladrão e o padre. Insiram as rubricas de movimento, de expressão, de gesto, de altura de voz, de iluminação, de sonoplastia, etc.

Se necessário, incluam outras falas que não estavam na anedota. Se quiserem, poderão também incluir outros personagens (nesse caso, convidem outros colegas para participar).

O esquete pode ter o mesmo final da anedota ou, se preferirem, vocês podem dar continuidade à história, criando um final diferente, mas lembrem-se de criar um final engraçado.

Proposta 3

Leia esta história em quadrinhos de Mauricio de Sousa:

PLA QUÊ? QUAL
É A FINALIDADE
DISSO?
TODO MUNDO
SE SENTE BEM
DESSE JEITO!
ELOGIOS
SINCEROS
HÁ! HÁ! HÁ!
EU NUNCA OUVI
TANTA BESTEILA!
ELOGIOS
SINCEROS
VOCÊ É
TONTA MESMO!
NÃO VAI LEVAR
NENHUM ELOGIO
COM ESSE TIPO
DE ATITUDE!
ELOGIOS
SINCEROS
A MAGALI É
MUITO BOBA!
QUEM PLECISA
DE UM SELVIÇO
DESSES?
OLA ESSA! O
COELHINHO DA
MÔNICA DE
BOBEILA!
VOU APLOVEITAR
PLA DAR UNS
NOZINHOS!
POSSO SABER
O QUE É ISSO?

(*Magali — O sumiço do panetone*, n. 96. São Paulo: Estúdios Mauricio de Sousa, 2014. p. 23-25.)

Junte-se a mais três ou quatro colegas da turma e formem um grupo, de modo que um faça o papel da Magali, outro do Cebolinha, outro da Mônica e os demais dos outros personagens. Vocês poderão ou não trocar o **r** pelo **l**, como faz o Cebolinha.

Transformem a história em um texto teatral, fazendo uso de diálogos e rubricas.

PLANEJAMENTO DO TEXTO

Para a produção do texto, sigam as orientações dadas no capítulo 1, na página 107.

REVISÃO E REESCRITA

Concluído o texto teatral, façam a revisão dele, observando os critérios apontados no capítulo 1, na página 108.

Quando o texto estiver pronto, passem-no a limpo e guardem-no. Se quiserem, poderão apresentá-lo no palco, no dia da mostra teatral.

DE OLHO NA ORALIDADE: LEITURA DRAMÁTICA

Antes de levarem uma peça ao palco, todos os grupos de teatro devem fazer a leitura dramática do texto a ser apresentado.

Façam a leitura dramática do texto criado, seguindo estas orientações:

1. Leiam, individualmente, todo o texto a ser representado.
2. Reunidos em torno de uma mesa, leiam a peça em voz alta, cada um dizendo as falas do personagem que irá representar.
3. Façam uma terceira leitura realizando a representação, isto é, buscando a voz ideal do personagem, o jeito próprio que ele tem de falar. Busquem maior ou menor altura e ênfase, dependendo das situações. Enfim, imaginem-se no palco, falando diante da plateia.

Giz de Cera/
Arquivo da editora

4. Levem em conta a pontuação do texto, fazendo as pausas e entonações adequadas.
5. Se julgarem necessário, marquem o texto com alguns sinais, indicando as pausas para respiração.
6. Depois que cada um dos participantes do grupo tiver encontrado a expressão própria do personagem que irá representar, apresentem a leitura para toda a turma.

DIVIRTA-SE

Você já ouviu falar de "teatro de improviso"? Trata-se de uma situação em que dois atores precisam dar continuidade a uma história, sem que haja um roteiro definido.

Sob a coordenação do professor, participe como ator ou assista aos colegas em cena.

Como encenar?

Giz de Cera/Arquivo da editora

Um aluno fica na sala e outro fora dela. O aluno que estiver na sala escolhe um objeto (que tem ou que trouxe de casa), mostra para toda a turma o que é e o esconde. Esse objeto será o "presente" que ele ganhou do outro aluno. O aluno que ficou fora da sala volta, cumprimenta o colega e inicia uma conversa perguntando: "O que você achou do presente que eu lhe dei?". O outro pode responder ou pode fazer perguntas, como "Por que você me deu esse presente?" e "Quanto ele custou?".

A partir daí, a encenação deve ser improvisada, isto é, cada um inventa na hora o que quer dizer. Como um dos participantes não sabe qual é o objeto, geralmente surgem situações bem engraçadas. No final, o aluno que "ganhou o presente" deve mostrar para o outro o objeto que ele escondeu.

CAPÍTULO 3

MIL E UMA HISTÓRIAS

LEITURA

Você já deve conhecer alguma das histórias do livro *As mil e uma noites*, uma coleção de contos populares do Oriente Médio e do Sul da Ásia. Essas histórias foram adaptadas muitas vezes para outras artes e linguagens, como o cinema, o teatro, as animações e as histórias em quadrinhos.

O pescador e o vaso

Havia um pescador mulçumano, já velho, que pouco conseguia ganhar para o sustento da mulher e de seus três filhos. Diariamente saía bem cedo para pescar, mas fizera, de há muito, o propósito de só lançar a rede ao mar quatro vezes por dia.

Duma feita, jogara já três vezes a rede ao mar e só apanhara uma carcaça de burro, areia, lama, pedras e sujeira.

Antes de lançar a rede pela última vez, suplicou a **Alá** que o ajudasse, porque era disso que ele e os seus viviam. Lançou a rede ao mar e esperou. Quando sentiu que podia puxá-la — e o fez com grande esforço —, viu que havia dentro um vaso de cobre, fechado e lacrado com o **sinete** de **Salomão**.

Desta vez não maldisse tanto como das outras, pois pensou em vender o vaso e, com o dinheiro, comprar o que necessitava.

Roberto Weigand/Arquivo da editora

Ficou então a examiná-lo, sacudindo-o, virando-o de todos os lados. Por fim, resolveu despregar o chumbo da lacração para verificar se o vaso continha algo. Pegou uma faca e o abriu. Virou-o, mas de dentro nada saiu. Colocou-o depois com a borda para cima e ficou a olhá-lo. De repente, começou a sair do vaso uma fumaça que não tinha mais fim, formando um imenso nevoeiro. Foi grande o susto do pescador, e aumentou mais quando viu a fumaça se reunir formando um gênio. Mais espantado ficou quando gênio clamou por Salomão, invocando sua **misericórdia**.

O pescador, amedrontado, teve a imprudência de dizer que Salomão já havia morrido há milhares de anos, o que deixou o gênio muito ofendido. Voltou-se contra o pescador para matá-lo.

Apesar dos pedidos do pescador e não reconhecendo nele seu libertador (o gênio estava preso no vaso desde a época de Salomão, daí o seu ódio), ia matá-lo, só lhe dando chance de escolher a forma de morrer.

Não adiantava discutir com o gênio, ele não desistia da ideia.

Alá: o mesmo que Deus na religião muçulmana.
misericórdia: piedade, compaixão.
rei **Salomão:** rei de Israel entre 970 a.C. e 930 a.C. Acredita-se que seja autor dos livros bíblicos *Eclesiastes*, *Provérbios* e *Cântico dos cânticos*, além do "Salmo 127".
sinete: selo, marca, assinatura.

Roberto Weigand/Arquivo da editora

Mas o medo da morte, a lembrança da mulher e dos filhos, a necessidade de se safar daquele embaraço, fez surgir uma ideia ao pescador. Disse então ao gênio que, antes de escolher a forma de morrer, desejaria fazer-lhe uma pergunta. O gênio respondeu carrancudo que a fizesse logo.

— Gostaria de saber como coubeste neste vaso, sendo desse tamanho. Será possível? Não dá para acreditar!

— Eu juro que estava aí tal qual me vês.

— Não acredito! Só se me mostrares. És capaz de tal façanha?

Sem mais, o gênio dissolveu-se em fumaça, que se espalhou por todos os lados, e começou a entrar no vaso. Quando já totalmente dentro dele, perguntou ao pescador se ele agora acreditava.

Sem responder e sem perda de tempo, o pescador tampou novamente o vaso com o chumbo que possuía o sinete de Salomão e o gênio não pôde mais sair de lá.

Houve um bate-boca entre os dois, porque o gênio queria sair e o pescador dizia que ia jogá-lo ao mar, por ser tão mau. Onde se viu matar uma pessoa que o libertara de sua prisão?! E para convencer o gênio de que não abriria o vaso contou-lhe a história do rei grego e do médico Dubã.

(*As mil e uma noites*. Adaptação de Sabá Gervásio. São Paulo: Abril, 1973. p. 31-32.)

OS SENTIDOS DO TEXTO

1 Como é comum às narrativas ficcionais, o conto começa com a **situação inicial** da história.

a) Quem é o protagonista do conto?

____

b) Como ele é caracterizado?

____

____

c) O que ele fazia todos os dias?

____

____

d) Pelo que conseguia pescar, deduza: A vida do pescador era fácil? Por quê?

____

____

____

____

QUEM ESCREVEU *AS MIL E UMA NOITES?*

A obra, sem autor definido, reúne um conjunto de contos de tradição oral da literatura árabe, produzidos entre os séculos XII e XVI. Ela se tornou conhecida no Ocidente a partir da publicação, em francês, feita por Antoine Galland, em 1704.

O livro conta a história do rei da Pérsia, que foi traído pela esposa e, por isso, mandou matá-la. A partir de então, casa-se todos os dias com uma nova noiva e manda matá-la no dia seguinte. Até que um dia se casa com Sherazade, que, para evitar ser morta, envolve o rei com suas histórias sedutoras. Os contos da obra seriam as histórias narradas por Sherazade.

Kharbine-Tapabor/Shutterstock

2 Nas narrativas ficcionais, é necessário que aconteça algo novo, que quebre a situação inicial e faça a história ir para a frente.

a) Que fato novo ocorre com o pescador?

____

____

b) Qual é a expectativa do pescador diante desse acontecimento?

____

____

3 Na maior parte das histórias ficcionais, há um **conflito**, isto é, um problema que o protagonista precisa resolver ou algo que ele deseja alcançar. O conflito também é fundamental para que a história continue. No conto lido, qual é o conflito?

____

____

4 O gênio mostra-se furioso e não aceita libertar o pescador.

a) Qual é a razão de sua fúria?

____

____

____

b) Que estratégia ou plano o pescador imagina para escapar das mãos do gênio e acaba dando certo?

____

____

____

5 Com a estratégia do pescador, a situação se inverte. Por que o pescador não quer libertar o gênio do vaso?

____

6 No trecho "Houve um bate-boca entre os dois, porque o gênio queria sair e o pescador dizia que ia jogá-lo ao mar, por seu tão mau. Onde se viu matar uma pessoa que o libertara de sua prisão?!".

a) Qual é o sentido da expressão "bate-boca" no contexto?

____

b) Que atitude o pescador esperava do gênio?

____

____

____

c) A frase final, que termina com um ponto de interrogação e um de exclamação, parece ser uma fala ou um pensamento de algum dos personagens ou um trecho do texto do narrador?

____

____

____

d) Se você fosse o pescador, agiria da mesma forma que ele agiu? Por quê?

____

____

____

7 Releia o final do conto:

> "E para convencer o gênio de que não abriria o vaso contou-lhe a história do rei grego e do médico Dubã".

Leia o boxe **Quem escreveu *As mil e uma noites*** e responda:

a) Esse final encerra definitivamente a história ou se trata do início de outra história?

____

____

b) Que relação esse final tem com as histórias que Sherazade contava ao rei da Pérsia?

____

____

____

8 Na maior parte das narrativas ficcionais, depois que o conflito é resolvido, a história volta à situação inicial, mas geralmente com algumas mudanças. Por exemplo, o vilão da história pode ter morrido ou o herói ter se casado.

a) Qual é o parágrafo em que se situa o **desfecho** da história?

____

b) Compare o desfecho à situação inicial e responda: Eles são semelhantes ou diferentes?

____

____

c) Algumas histórias terminam com um final feliz e outras com um final trágico. No conto em estudo, o desfecho é um final feliz ou trágico? Por quê?

____

____

____

A LINGUAGEM DO TEXTO

1 No trecho do conto:

> "Diariamente saía bem cedo para pescar, mas fizera, de há muito, o propósito de só lançar a rede ao mar quatro vezes por dia."

No contexto:

a) Qual é o sentido da expressão "de há muito"?

____

b) O trecho "fizera [...] o propósito de só lançar a rede ao mar quatro vezes por dia" é equivalente a:

( ) tinha o hábito de jogar a rede só quatro vezes por dia.

( ) tinha vontade de jogar a rede só quatro vezes por dia.

2 No trecho "Antes de lançar a rede pela última vez, suplicou a Alá que o ajudasse, porque era **disso** que ele e os **seus** viviam.":

a) A que se refere o pronome **isso**, presente em **disso** (**de** + **isso**)?

____

____

b) E a quem se refere o pronome **seus**?

____

3 Observe este trecho do 5º parágrafo:

> "Ficou então a examiná-**lo**, sacudindo-**o**, virando-**o** de todos os lados."

Roberto Weigand/Arquivo da editora

Releia o texto e responda:

a) A que ou a quem se refere o pronome **o** (ou **lo**)?

___

b) No mesmo parágrafo, em que outras situações o pronome **o** também se refere ao mesmo ser?

___

4 Nos contos, o narrador pode apresentar a fala dos personagens diretamente (discurso direto), como se estivéssemos presenciando a conversa, ou contar o que eles falaram (discurso indireto). Observe estes dois trechos da história:

( ) "O gênio respondeu carrancudo que a fizesse logo."

( ) "— Gostaria de saber como coubeste neste vaso, sendo desse tamanho."

a) Em qual desses trechos há a reprodução fiel do que o personagem falou?

___

b) Em qual dos trechos o narrador conta o que foi falado?

___

c) Escreva DI ao lado da frase escrita em discurso indireto e DD ao lado da frase escrita em discurso direto.

d) Qual é o sinal de pontuação que introduz a fala do personagem no discurso direto?

___

TROCANDO IDEIAS

Roberto Weigand/Arquivo da editora

1 O pescador não perdoou o gênio e não o libertou. O que você acha do perdão? Você já perdoou alguém que lhe fez algo de errado? Se sim, como você se sentiu? Comente com os colegas.

2 Para se livrar da morte, o pescador teve uma ideia e enganou o gênio. O que você acha dessa atitude?

3 Caso você encontrasse um gênio em uma garrafa ou em uma lâmpada e pudesse pedir qualquer coisa a ele, o que pediria? Conte aos colegas.

REFLEXÃO SOBRE A LINGUAGEM

O ARTIGO E O NUMERAL — A CONCORDÂNCIA NOMINAL

Releia estes trechos do texto:

"Havia **um** pescador muçulmano, já velho, que pouco conseguia ganhar para o sustento da mulher e de seus três filhos."

"**O** pescador, amedrontado, teve a imprudência de dizer que Salomão já havia morrido há milhares de anos [...]."

1 Observe que, antes da palavra **pescador**, foi empregada a palavra **um**, no primeiro trecho, e a palavra **o**, no segundo trecho:

"[...] **um** pescador muçulmano, já velho [...]"

"**O** pescador, amedrontado, teve a imprudência [...]"

a) Em qual dessas situações temos a ideia de um pescador desconhecido, de quem ainda não se sabe nada?

____

b) Em qual situação temos a ideia de um pescador já conhecido, de quem se falou antes?

____

2 Agora, compare estes outros trechos:

"Foi grande o susto do pescador, e aumentou mais quando viu a fumaça se reunir formando **um** gênio."

"**O** gênio respondeu carrancudo que a fizesse logo."

a) Em qual dessas situações temos a ideia de um gênio desconhecido, de quem ainda não se sabe nada?

____

b) Em qual situação temos a ideia de um gênio já conhecido, de quem se falou antes?

____

3 Compare suas respostas às questões 1 e 2 e conclua:

a) Que ideia a palavra **o** atribui ao substantivo nesses casos?

____

____

b) Que ideia a palavra **um** atribui ao substantivo nesses casos?

____

____

____

____

4 Leia, agora, estas frases:

- "Havia um pescador muçulmano, já velho, que pouco conseguia ganhar para o sustento da mulher e de seus três filhos."
- "[...] fizera, de há muito, o propósito de só lançar a rede ao mar quatro vezes por dia."
- "Duma feita, jogara já três vezes a rede ao mar [...]"
- Na quarta vez em que o pescador jogou sua rede, sentiu que ela tinha ficado presa no fundo.

Em todos os trechos acima, há uma palavra que indica **quantidade** ou **posição** em uma ordem ou sequência.

a) Que palavra indica posição em uma ordem ou sequência? Explique.

____

____

____

b) Que palavras dos demais trechos indicam quantidades?

____

____

O ARTIGO

Ao responder às questões, você notou que há algumas palavras que acompanham o substantivo, podendo atribuir a ele o sentido de algo já definido e conhecido (como em **o** pescador, **o** gênio), ou um sentido de algo indefinido, desconhecido (como em **um** pescador, **um** gênio). Essas palavras são chamadas **artigos**.

Entre os artigos, há os **definidos** e os **indefinidos**.

São artigos definidos: **o**, **os**, **a**, **as**.

São artigos indefinidos: **um**, **uns**, **uma**, **umas**.

Mark Nazh/Shutterstock

Artigos são palavras que acompanham substantivos e contribuem para defini-los ou indefini-los.

Os artigos definidos dão ideia de algo conhecido, preciso, único. Veja:

— Filha, pegue **a** mochila e vá pra escola.

Os artigos indefinidos generalizam, dão ideia de algo impreciso, indeterminado, um entre muitos. Veja:

— Filha, pegue **uma** mochila e vá pra escola.

Na primeira frase, na qual é empregado o artigo definido **a**, a mãe e a filha sabem qual é a mochila. Já na segunda frase, em que é empregado o artigo indefinido **uma**, a mãe sugere à filha que pegue uma mochila entre várias ou uma mochila qualquer.

Os artigos podem se unir a outras palavras, formando contrações. Veja:

de + a = da	de + as = das
em + o = no	em + os = nos
em + uma = numa	em + um = num
em + umas = numas	em + uns = nuns
por (per) + o = pelo	por (per) + as = pelas

Também nessa situação, os artigos exercem a função de definir ou indefinir os substantivos. Observe:

O pescador luta pel**o** sustento d**a** família.

O NUMERAL

Além do artigo, há outras palavras que podem acompanhar o substantivo. Quando indicam quantidade numérica ou posição em determinada ordem ou sequência, essas palavras são chamadas **numerais**:

O pescador vivia com sua mulher e **três** filhos.

O gênio ficou preso no vaso durante **cem** anos.

Na **quarta** vez em que jogou a vara, o pescador pescou uma garrafa.

Eu sempre sou o **primeiro** a chegar.

Numeral é palavra que acompanha o substantivo para lhe atribuir determinada quantidade numérica ou indicar sua posição em determinada ordem ou sequência.

1 Você sabe por que os cachorros gostam de lamber a gente? O texto a seguir procura explicar isso. Leia-o e, com um colega, identifique os artigos que o completam adequadamente.

Por que meu cachorro me lambe?

Tawnya92/Shutterstock

É amor. Ou é fome. Ou só curiosidade mesmo. Cães são atraídos por sabores e odores, uma vez que paladar e olfato são _____ sentidos que eles mais usam para conhecer _____ mundo. _____ oleosidade da pele, _____ transpiração e _____ cheiro de cremes e produtos de beleza são atrativos. Se _____ bicho está com fome e alguém se aproxima cheirando a comida, ele vai procurá-la lambendo. E se for _____ odor estranho, também vai usar _____ língua para investigar. Mas _____ lambida pode ser demonstração de afeto: _____ mães fazem isso com _____ filhotes para deixá-los com _____ seu cheiro ou para acalmá-los. Já lambidas perto da boca demonstram respeito e submissão. Como as que _____ filhotes dão reconhecendo _____ autoridade materna.

(*Superinteressante*, n. 358.)

2 Leia esta anedota:

O professor diz na sala de aula:

— O animal que tem quatro pés é um quadrúpede.

Depois se volta para um aluno e pergunta:

— Você tem dois pés. Logo, como se chama?

— Juarez.

(Da tradição popular.)

Ilustra Cartoon/Arquivo da editora

O humor da anedota está na quebra de expectativa.

a) Qual era a resposta que o professor esperava ouvir?

- ◯ bípede
- ◯ trípede
- ◯ artrópode

b) Por que a resposta do aluno surpreende?

____

____

____

3 A respeito da anedota da questão anterior, responda:

a) Quais artigos definidos foram empregados no texto?

____

____

b) Quantos artigos indefinidos foram empregados?

____

____

c) Foram empregados numerais no texto? Se sim, quais são?

____

____

4 Compare estas frases:

- "O professor diz na sala de aula:"
- **Um** professor diz na sala de aula:

a) Qual das frases transmite a ideia de que se trata de um professor conhecido, de uma sala específica?

____

____

b) E qual das frases transmite a ideia de que pode ser um professor qualquer em uma sala de aula?

____

____

c) Troque ideias com os colegas e o professor: Por que a piada começa com "O professor" e não "Um professor", tal como o conto que você estudou no começo do capítulo, que emprega "Um pescador" e "Um gênio" ao citar os personagens pela primeira vez?

CONCORDÂNCIA NOMINAL: O SUBSTANTIVO E SEUS DETERMINANTES

Leia este poema de Fernanda Sander:

Favo de mel

Nasce o sol
a abelha rainha
desperta toda a colmeia.
Amarelas abelhinhas
e os zangões guardiães da floresta.

Todo o enxame chama a chuva
em um zum zum bonito de se ver...
Quando as plantas brotam fortes
sabem que têm trabalho a fazer.

Saem voando tranquilas
para colher da primavera
gostos e cheiros de flores
oferecidos pela mãe Terra.

Voltam para a sua casa
enquanto a tarde tinge todo o céu.
Adoçando o mundo inteiro
fazem do mundo um favo de mel.

Filipe Rocha/Arquivo da editora

(*Ideia passarinha: poesia (in)completa para crianças*. São José dos Campos, SP: Fernanda Sander Canabrava Bincoleto, 2019.)

1 Quando nasce o dia, começa um movimento na natureza.

a) Quem desperta as abelhas?

____

b) Qual é o trabalho delas?

____

c) Troque ideias com os colegas e o professor: Você sabe de que modo é produzido o mel?

2 As abelhinhas "voltam para a sua casa/ enquanto a tarde tinge todo o céu". Explique o sentido deste trecho do poema: "enquanto a tarde tinge o céu".

____

____

3 O poema apresenta uma rica sonoridade, construída por rimas e sons repetidos.

a) Que palavras rimam com **rainha**, **ver** e **céu**?

____

b) Que som se repete no verso "Todo o enxame chama a chuva"?

____

c) Descubra uma onomatopeia no poema.

____

4 No verso "Quando as plantas brotam fortes":

a) Identifique um substantivo. Ele está no masculino ou no feminino? No singular ou no plural?

____

b) Identifique o adjetivo e o artigo que acompanham o substantivo. Eles estão no masculino ou no feminino? No singular ou no plural?

____

c) Há coincidência entre o gênero (masculino e feminino) e o número do substantivo (singular e plural) e o do adjetivo e do artigo?

____

5. Releia, agora, esta estrofe do poema:

> "Saem voando tranquilas
> para colher da primavera
> gostos e cheiros de flores
> oferecidos pela mãe Terra."

a) De quem os versos estão falando: dos zangões, das abelhinhas ou das flores?

____

b) Que expressão justifica sua resposta anterior?

◯ voando tranquilas

◯ gostos e cheiros de flores

◯ para colher da primavera

c) Justifique oralmente sua resposta anterior.

6. Observe a palavra **oferecidos**. A quem ela se refere? Justifique sua resposta.

____

____

____

____

____

Na língua portuguesa, há alguns grupos de palavras que se organizam em torno do substantivo. Nos versos do poema, por exemplo, o substantivo **plantas**, que está no feminino e no plural, leva todas as outras palavras que estão à sua volta a concordar com ele. Observe:

"Quando as **plantas** brotam fortes"

as — artigo; **plantas** — substantivo; fortes — adjetivo

O adjetivo **tranquilas** fica no feminino e no plural porque concorda em gênero e número com o substantivo abelhinhas. Veja:

[As **abelhinhas**] saem voando tranquilas

abelhinhas — substantivo; tranquilas — adjetivo

Observe também:

As duas pequenas **abelhas** procuram suas **flores** preferidas.

As — artigo; duas — numeral; pequenas — adjetivo; **abelhas** — substantivo; suas — pronome; **flores** — substantivo; preferidas — adjetivo

Como se nota, o artigo, o numeral, o adjetivo e o pronome acompanham em gênero e número o substantivo a que se referem.

Essa concordância entre o substantivo e seus determinantes — o adjetivo, o artigo, o numeral e o pronome — é chamada **concordância nominal**.

Concordância nominal é um princípio da língua portuguesa que orienta a concordância do substantivo com as palavras que o acompanham.

7 O poema a seguir está diferente do original, ele foi modificado propositalmente para a realização deste exercício. Leia-o.

Arquitetando

Um dia,
construirei uma cidade azul
com **casa** de sonhos
habitada por **fantasma** poeta,
colorido, musical e renovador.

Aí esperem pela mais bela
canção de amor,
doce, macia e multicolorida.

(Elias José. *Alice no país da poesia*. São Paulo: Peirópolis, 2009. p. 12.)

Arta Karya/Shutterstock

Descubra como é o poema original, passando para o plural os três substantivos destacados e os determinantes de cada um. Compare suas respostas com as dos colegas.

DE OLHO NA LEITURA E NA ESCRITA: DIVISÃO SILÁBICA

Você conhece a seguinte parlenda de brincar? Se conhece, fale-a com os colegas.

Batalhão-lhão-lhão
Quem não entra é um bobão
Abacaxi-xi-xi
Quem não sai é um saci.

(Da tradição popular.)

Naipez/Shutterstock

1 No primeiro verso da parlenda, uma sílaba é repetida duas vezes. Qual é a sílaba?

____

2 Em que outro verso, além do primeiro, há repetição de sílaba? Que sílaba se repete?

____

____

____

3 Entre as sílabas que se repetem, há o sinal gráfico chamado **hífen**. Como ele é?

____

____

____

Leia este cartão-postal:

Oi, Ju. Tudo bem? Estou adoran-
do Bonito! Bem que você falou: Bo-
nito é lindo! Ontem fizemos mergu-
lho no rio Formoso e vimos muitos
peixes: piraputanga, dourado,
peixe-canivete...
Eu simplesmente estou adorando.
Volto na quinta. Beijão,
Carol

Carolina Marques
Rua Felipe Schmidt, 309, Centro
Florianópolis - SC

8 8 0 1 0 0 0 1

Banco de imagens/Arquivo da editora

4 Na mensagem que Carol enviou à amiga dela Ju, algumas palavras aparecem separadas em partes, com a primeira parte situada na margem direita e seguida de **hífen** (**-**). Conclua:

a) Por que as palavras **adoran-do**, **Bo-nito** e **mergu-lho** estão separadas em partes?

____

b) Por que houve emprego do hífen?

____

REGRAS BÁSICAS DE DIVISÃO SILÁBICA

Atualmente, em textos digitais, não precisamos separar as sílabas de palavras em final de linhas. Contudo, quando escrevemos um texto à mão, é comum precisarmos separar sílabas de palavras em final de linhas. Para fazer essa operação corretamente, você deve conhecer as regras básicas de divisão silábica.

1. Separam-se as letras **RR**, **SS**:

car-ro-ça   car-ro   pás-sa-ro   as-sa-do

2. Nunca se separam:
   - as letras dos pares **LH**, **NH**, **CH**, **QU**, **GU**:

ba-ra-lho   ma-nhã   ma-cho   quen-te   fo-gue-te

   - as consoantes seguidas de **R** ou de **L**:

pro-ble-ma   com-ple-to   a-cre-di-tar   pa-dre

   - duas vogais quando a segunda delas é fraca (uma semivogal), isto é, uma vogal pronunciada com baixa intensidade:

cai-xa   lou-co   coi-sa   a-mei-xa

1 Leia este poema do poeta peruano Luís Alberto Calderón:

A liberdade

Em meu velho caderno
desenhei
uma andorinha;
pintei-a
com lápis-carvão.
Prisioneira a tenho
já há vários anos;
compadecido meu coração,
rasgo a folha
e sopro-a ao vento
entre as árvores.
Lá longe,
duas andorinhas voam.

Jean Galvão/Arquivo da editora

(*Poemas com sol e sons*. São Paulo: Melhoramentos, 2000. p. 54.)

O eu lírico, isto é, quem fala no poema, desenhou e pintou uma andorinha no caderno.

a) Por que o eu lírico rasgou a folha, depois de muitos anos?

____

b) Qual é o sentido da palavra **compadecido**, no texto?

____

2 Por que o poema recebeu o título "A liberdade"?

____

____

3 Troque ideias com os colegas: Se, no poema, apenas uma andorinha foi libertada, por que "duas andorinhas voam"?

4 Observe esta palavra do poema:

desenhei

a) Pronuncie a palavra em voz alta e, depois, divida-a em sílabas.

____

b) Quantas sílabas a palavra tem?

____

5 Identifique no poema:

a) outras palavras que, como **desenhei**, apresentam a sequência **ei** em uma sílaba.

____

b) uma palavra que apresenta uma sequência de duas outras vogais na mesma sílaba.

____

6 Acompanhe a leitura que o professor vai fazer do texto a seguir e escreva as sílabas que completam as palavras na margem direita.

Por que as pessoas colocam ______ roz dentro do saleiro?

O sal dentro de um saleiro ganha umidade e endurece, ______

tando sua utilização. O arroz é ______

cado no frasco justamente para ______

ver esta umidade e evitar que o sal ______

que empedrado. Esse efeito, no ______

to, não dura para sempre. Quando o saleiro,

mesmo cheio de arroz, ______

ta a entupir, é sinal de que ______

ses grãos já absorveram toda a ______

dade que conseguiam. Para resolver o ______

blema, é só trocar o arroz.

pzAxe/Shutterstock

(Disponível em: http://guiadoscuriosos.uol.com.br/. Acesso em: 13/5/2017.)

7 Divida silabicamente as palavras:

a) toureiro ______

b) caipira ______

c) ideia ______

d) trouxa ______

e) leia ______

f) caixa ______

g) rouco ______

h) feio ______

8 Escute atentamente as palavras que o professor vai pronunciar e escreva-as. Preste atenção na grafia das vogais mais fracas.

PRODUÇÃO DE TEXTO

DO CONTO AO TEATRO

No início deste capítulo, você leu o conto "O pescador e o vaso", adaptado de uma das histórias da obra *As mil e uma noites*.

1 Releia este parágrafo do conto:

"O pescador, amedrontado, teve a imprudência de dizer que Salomão já havia morrido há milhares de anos, o que deixou o gênio muito ofendido."

Roberto Weigand/Arquivo da editora

a) Grife as formas verbais presentes no texto.

b) Essas formas verbais estão na 1ª pessoa (eu) ou na 3ª pessoa (ele, ela)?

c) Conclua: Quem conta a história: algum dos personagens presentes nesse trecho ou um narrador que não participa da história?

____

____

2 Agora, faça de conta que você é o gênio e é você quem está contando a história.

a) Reescreva o parágrafo a seguir, adaptando o que for necessário.

> "Sem mais, o gênio dissolveu-se em fumaça, que se espalhou por todos os lados, e começou a entrar no vaso. Quando já totalmente dentro dele, perguntou ao pescador se ele agora acreditava."

____

____

____

____

b) Compare a frase que você escreveu no item anterior com o texto original: O que aconteceu com os verbos e os pronomes desse trecho? Por quê?

____

____

3 Nos contos, é comum haver desde o início **marcadores de tempo e de espaço**, que situam as ações dos personagens.

Releia o 1º parágrafo do texto, na página 140.

a) Há um marcador temporal que indique em que época ocorreu a história?

____

b) Que outros marcadores de espaço e tempo estão presentes no 1º parágrafo?

____

____

AGORA É A SUA VEZ

Ao final desta unidade, você e os colegas vão participar de uma mostra teatral. Para isso, é necessário continuar produzindo os textos que serão representados.

Há, a seguir, duas propostas. Ambas são adaptações de contos para a linguagem do teatro. Reúna-se com o seu grupo — que deve ter pelo menos quatro alunos — e, com a orientação do professor, escolha uma das propostas a seguir.

Roberto Weigand/Arquivo da editora

1. Partindo do conto "O pescador e o vaso", façam uma adaptação da história para teatro. Para que todos os integrantes do grupo possam participar no palco, criem outros personagens e diálogos. Vocês podem, por exemplo, desenvolver mais a parte inicial do conto, incluindo os personagens da mulher e dos filhos do pescador ou criar um diálogo em que o gênio tenta convencer o pescador a libertá-lo novamente.

2 Você já leu *Aladim e a lâmpada maravilhosa* ou assistiu a um filme ou a uma animação adaptados dessa história? Esse conto também integra a obra *As mil e uma noites*. Ouça o *podcast* ou leia o texto a seguir, conforme a orientação do professor.

Aladim e a lâmpada maravilhosa

Era uma vez, num lugar muito antigo, num tempo muito distante, um reino chamado Pérsia.

Nesse reino, vivia um menino chamado Aladim. Ele adorava passar seus dias correndo pelas ruas, brincando com as pessoas e subindo nos telhados das lojas do mercado.

Aladim morava com a sua mãe, que era viúva e não aguentava mais ouvir tantas reclamações sobre seu travesso filho.

Ilustra Cartoon/Arquivo da editora

Um dia, um mago muito poderoso, de um reino mais distante ainda que aquele, descobriu, através de suas magias e adivinhações, que Aladim se tornaria dono de um grande tesouro e somente ele poderia resgatar um poderoso gênio e sua lâmpada maravilhosa. O mago, que estava muito interessado no poder do gênio da lâmpada, resolveu ir até o reino da Pérsia, disfarçado de tio de Aladim. E assim o fez.

Chegando lá, procurou pela casa do menino e, ao encontrar sua mãe, disse:

— Ó, querida cunhada! Que bom que pude encontrar vocês! Quando soube da morte do meu irmão, vim imediatamente, para apoiá-los.

Tanto Aladim quanto sua mãe acreditaram naquelas palavras.

O mago então continuou:

— Consegui um bom trabalho para Aladim, não muito distante daqui. Assim ele se manterá ocupado e não fará tantas travessuras. Vou levá-lo comigo e em breve mando notícias.

A mãe, acreditando na história do malvado mago, permitiu que Aladim o acompanhasse. Então, o mago o conduziu até uma montanha misteriosa. Ali estava o tesouro que somente Aladim poderia pegar. O mago abriu os braços, que se tornaram gigantescos, e trovejou palavras mágicas com tamanha força que Aladim sentiu medo.

Ele viu a terra se abrir bem diante dos seus olhos. O mago continuou trovejando:

— Eis aqui o seu trabalho, meu caro rapaz! Desça até o fundo deste poço. Lá encontrará um tesouro. Tudo o que puder carregar será seu, mas traga a lâmpada dourada para mim, porque ela me pertence.

Aladim desceu até o fundo do poço. O mago gritou-lhe que lhe mandasse a lâmpada, mas Aladim, com medo desse novo tio, disse que somente o faria se ele o tirasse dali primeiro. O mago, nervoso, abriu novamente os braços e, trovejando palavras mágicas, fechou a abertura do poço. A intenção do mago era passar um susto naquele desobediente menino.

Aladim, temendo o escuro do poço, resolveu esfregar a lâmpada para ver se acendia e... VRUUUMMM!!! De dentro da lâmpada saiu um enorme gênio azul e luminoso, que disse que lhe concederia três desejos.

Aladim, ainda um pouco assustado, desejou primeiro sair daquele poço escuro e voltar para casa. E... PLAF! Num piscar de olhos, Aladim estava novamente junto de sua mãe.

Aladim explicou à sua mãe as aventuras pelas quais passou e a traição do falso tio. A mãe ficou muito assustada com toda aquela história. Como os dois estavam com fome, Aladim esfregou novamente a lâmpada e, diante dos olhos surpresos de sua mãe, fez o segundo pedido ao gênio da lâmpada maravilhosa: tornar-se rico, juntamente com sua mãe.

Assim, mãe e filho viveram contentes e ricos por muito tempo.

Nossa história poderia terminar feliz por aqui, mas não é bem assim que ocorre em todas as histórias. De vez em quando, os finais demoram a chegar...

Um dia, enquanto caminhava pelo mercado, Aladim avistou a filha do sultão e se apaixonou perdidamente por ela. Resolveu, então, pedir a princesa em casamento.

A princesa, que também se enamorara de Aladim, estava toda feliz com a possibilidade de casar-se com aquele belo jovem. Mas, nas histórias, às vezes surgem problemas...

O **vizir**, que desejava que seu filho casasse com a princesa, fez de tudo para impedir o casamento. Mas não conseguiu, porque o amor dos dois foi mais forte! Aladim, apaixonado e temeroso que o vizir continuasse com seus malvados planos de separá-los, chamou o gênio para ajudá-lo a trazer a princesa. O gênio foi até o palácio, colocou-a num tapete mágico e fez surgir um lindo palácio de pedras preciosas e ouro. Aladim e a princesa se casaram e viveram muito felizes em seu amor apaixonado.

Mais uma vez nos encontramos com um possível final para esta história... Mas ainda não é desta vez que nossa história acaba!

Como a notícia daquele casamento correu por todo o Oriente, o malvado mago, quando ficou sabendo, deduziu que aquilo era obra da lâmpada maravilhosa.

O malvado mago, ainda querendo o gênio e a lâmpada maravilhosa que estavam nas mãos de Aladim, tramou muitos planos maldosos contra o lindo casal.

Um dia, o mago, disfarçado de vendedor, esperou Aladim sair de casa e passou na frente da janela da princesa gritando bem alto:

— Trocam-se lâmpadas velhas por lâmpadas novas!

Uma criada, que limpava o quarto do casal, pensando que aquela lâmpada em cima do criado estava muito velha, trocou-a por uma nova e brilhante.

Estando com a lâmpada nas mãos, o mago ordenou ao gênio que transportasse o palácio e todos os seus habitantes para um lugar muito distante dali. O gênio teve que obedecer, ainda que gostasse muito do Aladim, porque o dono da lâmpada sempre tinha poderes sobre ele.

Quando Aladim regressou e não encontrou nem o palácio, nem a princesa, ficou desesperado! Mas pensou que aquilo bem que poderia ser coisa do mago

vizir: governador ou ministro nomeado por soberano de um reino muçulmano.

malvado. Procurou uma vidente que morava ali perto e ela lhe deu um anel mágico que o transportou até o local onde estava seu palácio e sua amada princesa. A vidente deu-lhe também um poderoso veneno, que deveria ser tomado pelo malvado mago. Somente assim o mago seria exterminado. Aladim, escondido nos jardins do palácio, conseguiu encontrar-se com a princesa e dar a ela o vidro com o veneno.

De noite quando o mago veio ver a princesa, ela deu-lhe uma bebida saborosa e cheirosa que continha o veneno.

Diante da morte do mago, Aladim recuperou sua lâmpada, seu reino e sua princesa e ordenou ao gênio que levasse de volta o seu palácio ao lugar de origem.

Ilustra Cartoon/Arquivo da editora

O sultão e seus súditos ficaram muito contentes com a volta do palácio e da princesa e organizaram uma bela festa. E todos puderam viver felizes naquele reino de tapetes mágicos e lâmpadas maravilhosas...

(Angélica Sátiro e Irene de Püig. *Brincar de pensar com histórias*. São Paulo: Callis, 2000. p. 26-28.)

Junte-se aos colegas de grupo e distribuam os papéis. Um deve fazer o papel do Aladim, outro do mágico, outro do sultão, outro da princesa, outro da empregada, outro da mãe de Aladim, outro do vizir.

Se houver outros atores, criem personagens que poderiam fazer parte dessa história. Lembrem-se de que um ator pode fazer mais de um papel.

PLANEJAMENTO DO TEXTO

Para fazer a adaptação, é necessário se lembrar de algumas coisas importantes como:

- No texto teatral, não há narrador, logo, as informações sobre as falas dos personagens fornecidas pelo narrador devem ser transformadas em rubricas e diálogos.

- Se o narrador do conto diz o que o personagem falou (discurso indireto), é necessário transformar essa fala em discurso direto, usando o travessão e colocando diretamente a fala do personagem.
- As indicações do espaço que aparecem no conto devem ser transformadas em cenário.
- Indicações de tempo que aparecem no conto precisam ser marcadas de modo diferente. Por exemplo, os atores saem e depois entram novamente no palco para indicar que o tempo passou; a luz escurece para dar a ideia de que o dia terminou; o texto, por meio de rubrica, faz referência ao dia anterior; etc.
- Descrições feitas no conto sobre movimentação de personagens, expressão corporal, figurino, etc. devem ser transformadas em rubricas.

Veja outras instruções dadas no capítulo 1, na página 107.

REVISÃO E REESCRITA

Concluído o texto teatral, façam a revisão do texto, observando os critérios apontados no capítulo 1, na página 108.

Vejam também:

- As falas indicadas pelo narrador do conto em discurso indireto foram transformadas corretamente em discurso direto no texto teatral?
- Tempo, espaço e demais elementos do enredo construídos pela voz do narrador estão devidamente indicados no texto teatral por meio de rubricas ou de outras soluções?
- A movimentação e a expressão corporal dos atores, o figurino, a iluminação estão devidamente sinalizados?

Quando o texto estiver pronto, passem-no a limpo e guardem-no. Se quiserem, poderão ensaiar a peça e apresentá-la ao público, no dia da mostra teatral. Para isso, seria conveniente fazer com antecedência a **leitura dramática** da peça criada, seguindo as orientações dadas no capítulo anterior.

DIVIRTA-SE

Descubra quem são os personagens que estão atrás da cortina, prontos para entrar em cena e começar a apresentação.

Jean Galvão/Arquivo da editora

O pescador, Aladim com sua lâmpada e o gênio.

OFICINA DE CRIAÇÃO

PROJETO: FAZENDO TEATRO

Fazer teatro é muito divertido. Na montagem de uma peça, você pode ser ator ou atriz, criar e construir o cenário, escolher músicas, ser sonoplasta (a pessoa que cuida dos sons) e também dirigir os atores e toda a criação do espetáculo. Vamos participar da montagem de uma peça de teatro?

Robert Kneschke/Shutterstock

1. Selecionando a peça

Nesta unidade, você e os colegas produziram, em grupo, vários textos teatrais:

- a continuação para a história da peça *O Chapeuzinho Vermelho*;
- a continuação da peça *O dragão verde*;
- a adaptação para teatro da história em quadrinhos "Magali em elogios sinceros", de Mauricio de Sousa;
- a adaptação do conto "O pescador e o gênio";
- a adaptação do conto "Aladim e a lâmpada maravilhosa".

Com a orientação do professor, escolham ao menos um desses textos teatrais para encenar na escola, para um público maior.

Sergey Novikov/Shutterstock

2. Preparando o convite

Criem coletivamente um convite para amigos e familiares, informando o dia, o local e o horário das apresentações. Para torná-lo mais atraente, façam uma pequena ilustração que tenha relação com teatro. Reproduzam o convite e entreguem-no aos convidados. Se quiserem, poderão digitalizá-lo e enviá-lo por *e-mail*, por aplicativo de mensagem ou publicá-lo nas redes sociais da escola. Divulguem as apresentações na escola por meio de cartazes e convidem colegas de outras turmas, professores e funcionários para assistir.

Ilustra Cartoon/Arquivo da editora

3. Preparando, ensaiando e apresentando as peças

- Definida a peça que o grupo vai encenar, distribuam os papéis entre os atores e façam a **leitura dramática** do texto, conforme você aprendeu no capítulo 2 desta unidade.
- Planejem o cenário, desenhando-o em um papel. Lembrem-se de que ele pode ser bem simples: uma cadeira e uma mesa ou um desenho em folhas de papel pardo.
- Definam como vocês se movimentarão no palco. Estejam atentos para o fato de que a plateia deve ter boa visão da cena e ouvir com clareza o que vocês vão dizer. Ensaiem bastante antes da apresentação.

- Se quiserem usar músicas de fundo, ensaiem com elas e definam bem o momento em que cada uma deve começar.
- Se quiserem utilizar efeitos sonoros, um ou mais integrantes do grupo devem ficar responsáveis por eles. Usem cascas de coco para sugerir o barulho de cascos de cavalo no chão, arroz caindo em uma panela de alumínio para sugerir chuva, papel-celofane sendo amassado para sugerir fogo, etc.
- Para iluminar os atores e os objetos em cena, usem lanternas, por exemplo.
- Quanto aos figurinos, usem roupas, sapatos e acessórios que tenham em casa, ou retalhos, papel crepom e outros materiais. Não há necessidade de figurinos complicados.
- Façam ensaios completos, isto é, com música, efeitos sonoros e figurinos, quantas vezes forem necessárias.
- Peçam a um colega de outra turma ou grupo, professor ou a um familiar que filme a apresentação. Assim, vocês terão uma boa recordação do evento no futuro.
- Divirtam-se e preparem-se para os aplausos!

Viacheslav Nikolaenko/Shutterstock

UNIDADE 3 RESPEITEM MEUS DIREITOS!

Toda criança deve ser bem cuidada e protegida, ter acesso a saúde, educação, segurança e tudo o que é necessário para se desenvolver plenamente. Como cidadãs em desenvolvimento, crianças têm direitos e deveres e podem contribuir para a sociedade em que vivem e para as futuras gerações. Nesta unidade, vamos conhecer algumas formas pelas quais você, criança, pode e deve exercer sua cidadania.

Rido/Shutterstock

linlypu/Shutterstock

Robert Kneschke/Shutterstock

Lordn/Shutterstock

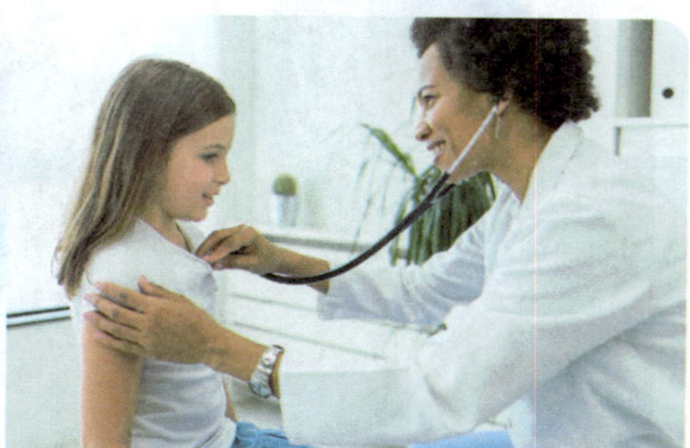

Toda criança do mundo deve ser bem protegida
Contra os rigores do tempo
Contra os rigores da vida.
Criança tem que ter nome
Criança tem que ter lar
Ter saúde e não ter fome
Ter segurança e estudar.
Não é questão de querer nem questão de concordar
Os direitos das crianças todos têm de respeitar.
[...]

(Ruth Rocha. *Os direitos das crianças segundo Ruth Rocha*. São Paulo: Companhia das Letrinhas, 2002. p. 6.)

Jean Galvão/Arquivo da editora

DIVIRTA-SE... E FIQUE POR DENTRO!

FILMES E VÍDEOS

Reprodução/Filme de Papel

- *O menino e o mundo*, de Alê Abreu.
  Assista a esse premiado filme brasileiro e conheça a impactante história de um garoto determinado a reencontrar o pai, que partiu em busca de uma vida melhor na cidade grande.
- Veja também os filmes *Pequenos grandes heróis*, de Robert Rodriguez; *Cada um na sua casa*, de Tim Johnson; *A fantástica fábrica de chocolate*, de Tim Burton; *O espanta tubarões*, de Rob Letterman, Bibo Bergeron e Vicky Jenson; *Megamente*, de Tom McGrath; *Filhos do paraíso*, de Majid Majidi; e *Criança, a alma do negócio*, de Estela Renner.
- No YouTube, assista aos vídeos das *playlists* "Programa um por todos — UPT" em: https://www.youtube.com/playlist?list=PLfcgNxuoKmUEjlwipLAVkl2hTuRuy6gRn; "Educação cidadã" em: https://www.youtube.com/playlist?list=PLfcgNxuoKmUHEI-siOKRz_GbjrjnoWpPV, do canal da Controladoria-Geral da União — CGU; e "Pequeños ciudadanos" em: https://www.youtube.com/playlist?list=PLcQis26HsKHXX3-XmTylb1TXxTQwz4jhY, do canal Playkids Brasil.

MÚSICAS

Ouça as canções "Criança não trabalha", "Ciranda", "Toda criança quer", do grupo Palavra Cantada; "Pequeno cidadão", "Oi, Hello", "Terra vento, foco, tempo", "Parque Augusta dos anjos de cara suja", "Bici bike magrela", do grupo Pequeno Cidadão; "Aos olhos de uma criança", de Emicida.

SITES

- Conheça diferentes formas de atuar como uma criança cidadã navegando pelas ferramentas dos *sites:* https://plenarinho.leg.br/ e http://www.turminha.mpf.mp.br/.
- Conheça a Interland e saiba como atuar de forma ética, cidadã e segura na internet com o jogo "Seja incrível na internet", disponível em: https://beinternetawesome.withgoogle.com/pt-br_br/interland.
- Aprenda que brincadeira também é coisa séria no jogo "Criança segura", disponível em: http://criancasegura.org.br/game/.
- Ouça o *podcast* "Sociologia para crianças", no qual Tatiana Amêndola, doutora em Ciências Sociais, conversa com a filha dela, a pequena Alice, sobre temas sociais complexos, em uma linguagem adequada ao público infantil em: https://anchor.fm/sociologiaparacriancas.

LIVROS

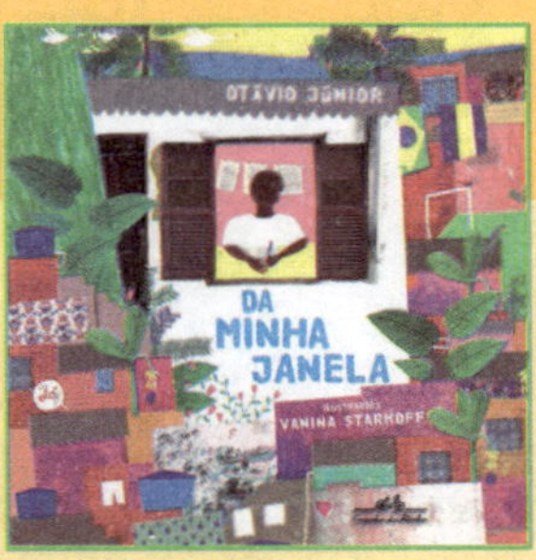

Reprodução/Editora Companhia das Letras

Vá à biblioteca da escola ou à biblioteca do bairro ou da cidade onde você mora e veja se os livros indicados a seguir estão disponíveis para empréstimo. Se não estiverem, selecione outros sobre o tema desta unidade.

- *Da minha janela*, de Otávio Júnior (Companhia das Letrinhas).
  Nesse livro, acompanhamos o olhar de uma criança que observa a vida e os acontecimentos e nos conta o que vê da janela da casa dela, no Rio de Janeiro.
- Leia também: *Quem manda aqui? — Um livro sobre política para crianças* e *Eleição dos bichos*, de Larissa Ribeiro, André Rodrigues, Paula Desgualdo e Pedro Markun (Companhia das Letrinhas); *Manual do defensor do planeta*, de João Alegria e Rodrigo Medeiros (Casa da Palavra); *Um novo país para Azzi*, de Sarah Garland (Pulo do Gato); *Se criança governasse o mundo*, de Marcelo Xavier (Formato); *Mais respeito, eu sou criança!*, de Pedro Bandeira (Moderna).

OFICINA DE CRIAÇÃO

Giz de Cera/Arquivo da editora

PROJETO: CRIANÇAS CIDADÃS

Participe com os colegas da organização de uma campanha sobre cidadania, gravando tutoriais em vídeo, escrevendo cartas de reclamação e solicitação e elaborando uma cartilha com orientações para crianças.

CAPÍTULO 1

COMO SER CRIANÇA

LEITURA DE IMAGEM

Observe a imagem a seguir, do artista turco Ugur Gallenkus.

Ugur Gallenkus/Fotos:Marco Gualazzini/Acervo do artista

1 Dois ambientes são retratados na imagem. Escreva **E** nas palavras e expressões que descrevem o ambiente retratado do lado esquerdo e **D** nas palavras e expressões que descrevem o ambiente retratado do lado direito.

( ) colorido

( ) cinzento

( ) campestre

( ) urbano

( ) construção sólida e permanente

( ) construção temporária e improvisada

2 Observe novamente a parte direita da fotografia. Troque ideias com os colegas e o professor:

a) Como as crianças estão vestidas e o que elas carregam?

b) Para onde as crianças se dirigem? Qual é a relação entre elas?

c) Como essas crianças estão se sentindo?

3 Agora, observe a parte esquerda da fotografia. Troque ideias com os colegas e o professor:

a) Como a criança está vestida e o que ela carrega?

b) Para onde a criança se dirige? Por que ela está nesse lugar?

c) Como essa criança está se sentindo?

4 É possível ler a palavra **Unicef** no saco que está nas mãos da criança que aparece à esquerda na fotografia. Leia a seguir um trecho do texto de apresentação do *site* da Unicef.

> O Fundo das Nações Unidas para a Infância (UNICEF) promove os direitos e o bem-estar de todas as crianças e todos os adolescentes em tudo o que faz, orientando sua conduta a partir do texto da Convenção sobre os Direitos da Criança. Juntamente com seus parceiros, trabalha em 190 países e territórios para traduzir esse compromisso em ação prática, concentrando esforços especiais em alcançar as meninas e os meninos mais vulneráveis e excluídos, para o benefício de cada criança e cada adolescente, em todos os lugares.
>
> (Disponível em: https://www.unicef.org/brazil/unicef-no-mundo. Acesso em: 15/3/2021.)

a) O que significa a palavra **Unicef**?

____

____

b) Pinte de azul, no texto, os trechos que explicam o que a Unicef faz.

c) Troque ideias com os colegas e o professor: O que há no saco que a criança está carregando?

5 O contraste entre as duas partes que compõem a fotografia chama a atenção para alguns dos direitos das crianças.

a) Troque ideias com os colegas e o professor e conclua: Qual dos direitos das crianças a seguir está plenamente garantido em uma das partes da imagem e não está garantido na outra parte da imagem?

◯ O direito de ser protegida da realização de qualquer trabalho.

◯ O direito à educação.

◯ O direito à saúde.

b) Troque ideias com os colegas: Você acha que, em uma situação de guerra, em que as pessoas se abrigam em um acampamento, os direitos das crianças são garantidos?

6 As colagens do artista Ugur Gallenkus ficaram conhecidas em todo o mundo porque expõem diferentes realidades de uma forma visualmente impactante.

a) Estabeleça relação entre as imagens das duas colunas a seguir, ligando imagens que poderiam ser utilizadas para fazer composições semelhantes ao trabalho desse artista.

ChameleonsEye/Shutterstock

Natalia Deriabina/Shutterstock

Fly_and_Dive/Shutterstock

Irishasel/Shutterstock

Yavuz Sariyildiz/Shutterstock

Joaquin Corbalan P/Shutterstock

b) Que sentimentos essas imagens despertam em você?

____

____

____

PRODUÇÃO DE TEXTO

TUTORIAL EM VÍDEO

Você acabou de conhecer uma montagem artística feita com imagens de crianças.

Agora, assista ao vídeo indicado a seguir para descobrir o que Charlotte fez com as imagens dos amigos dela.

(Disponível em: https://www.youtube.com/watch?v=c_G8WxAC8EY. Acesso em: 9/3/2021.)

1 No vídeo, Charlotte ensina a fazer um jogo. Qual é esse jogo?

____

2 Charlotte dá início ao vídeo:

- ( ) indicando quais são os materiais necessários para fazer o jogo.
- ( ) cumprimentando os espectadores e falando sobre a vida dela.
- ( ) pedindo aos espectadores que curtam e comentem o vídeo.

3 Charlotte teve a ideia de fazer o jogo porque queria reciclar algo.

a) O que ela queria reciclar?

____

b) No final do vídeo, Charlotte tem outra ideia. Que ideia é essa e que semelhança há entre a nova ideia de Charlotte e o jogo que ela fez? Responda oralmente.

c) Para Charlotte, além de divertir, essa brincadeira tem outra função. Explique oralmente.

4 Leia a seguir a transcrição de um trecho da fala de Charlotte.

"Eu pedi pra Suppa desenhar a turma. Olha como ficou! Eu coloquei o desenho no *link* que tá logo aqui na bio. É só entrar lá, baixar o arquivo e imprimir colorido, duas páginas. Depois, é só recortar com a tesoura sem ponta, nas linhas, e separar as figuras. Aí é pegar um papel-cartão fininho [...] e recortar no mesmo tamanho das figuras. Agora é hora de organizar em uma mesa as figuras e os pedaços de cartão. E com uma cola branca colar as figuras no papel-cartão. Deixe secar e a diversão pode começar! [...] Pronto, agora a diversão é com vocês."

a) Circule, no texto, as formas verbais que Charlotte utiliza para indicar aos espectadores as ações que eles devem fazer para montar o jogo.

b) Essas formas verbais têm a função de:

◯ sugerir aos espectadores como eles podem fazer o jogo.

◯ dar comandos aos espectadores que queiram fazer o jogo.

◯ dar dicas aos espectadores que queiram fazer o jogo.

5 Charlotte não indica separadamente os materiais necessários para fazer o jogo da memória, mas é possível saber quais são eles pela fala dela.

a) Marque, entre as opções a seguir, os materiais que uma pessoa precisa ter para fazer esse jogo.

◯ impressora

◯ canetas

◯ palitos de churrasco

◯ revistas e jornais velhos

◯ pincel

◯ cola

◯ lápis de cor

◯ papel para imprimir e papel-cartão

◯ régua

◯ tesoura

◯ agulha e linha

b) Troque ideias com os colegas e o professor e levante hipóteses: De que forma Charlotte poderia deixar essa parte mais clara para os interlocutores dela?

6 Compare estas formas de indicar os passos da montagem do jogo:

- É só entrar lá, baixar o arquivo e imprimir colorido, duas páginas. Depois, é só recortar com a tesoura sem ponta, nas linhas, e separar as figuras. Aí é pegar um papel-cartão fininho [...] e recortar no mesmo tamanho das figuras.
- Entre lá, baixe o arquivo e imprima colorido, duas páginas. Depois recorte com a tesoura sem ponta, nas linhas, e separe as figuras. Em seguida, pegue um papel-cartão fininho e recorte no mesmo tamanho das figuras.

a) Qual delas corresponde à fala de Charlotte?

____

b) Troque ideias com os colegas e o professor: Qual delas é mais informal, mais próxima do interlocutor, e qual é mais formal, mais distante do interlocutor?

Reprodução/Youtube

7 Charlotte ensina a fazer o jogo, mas não ensina a jogar.

a) Forme dupla com um colega e, juntos, descubram quais das regras a seguir ensinam a brincar com esse jogo. Circule-as e, depois, numere-as de acordo com a ordem a ser seguida para jogá-lo.

- ◯ Distribua as cartas igualmente entre os participantes.
- ◯ Espalhe pela mesa as cartas viradas para baixo.
- ◯ Cada participante, na sua vez, pega uma carta da mão do outro.
- ◯ Embaralhe as cartas.
- ◯ O participante vira duas cartas e, se forem diferentes, ele as desvira e deixa na mesa.
- ◯ Se a carta fizer par com uma que ele tenha na mão, ele marca ponto.
- ◯ Ganha o jogo quem ficar com a mão vazia primeiro.
- ◯ Ganha o jogo quem encontrar mais pares.
- ◯ Se a carta não formar par com as que ele tem na mão, ele perde ponto.
- ◯ Se as cartas forem iguais, ele pega o par.

b) Imagine que vocês vão gravar um vídeo, como a Charlotte fez, para ensinar as regras do jogo da memória de um jeito menos formal, mais próximo dos interlocutores. Como elas ficariam? Responda oralmente.

AGORA É A SUA VEZ

Ao longo desta unidade, você e os colegas vão organizar uma campanha sobre cidadania e consumo consciente para crianças. Para a campanha, a turma vai elaborar tutoriais que serão disponibilizados ao público-alvo. Veja as propostas a seguir e combine com o professor a melhor forma de organizá-las.

Proposta 1 – Tutorial do jogo da memória

Assim como a Charlotte fez, montem e ensinem a montar um jogo da memória para divulgar a campanha.

Para ilustrar as cartas do jogo da memória, pesquisem imagens, com a ajuda de um adulto, em revistas, jornais ou na internet que mostrem crianças usufruindo dos seus principais direitos: direito à educação, direito à saúde, direito a uma nacionalidade, direito de ser protegida e bem cuidada, direito de ser defendida da exploração e do trabalho infantil, direito ao lazer, entre outros que vocês queiram abordar. Se preferirem, vocês podem fazer montagens de imagens como a de Ugur Gallenkus analisada na abertura deste capítulo, tirar fotos de si mesmos ou fazer desenhos.

O par do jogo da memória poderá ser composto, por exemplo, do texto que mostra um direito da criança e da imagem que o ilustra.

Proposta 2 – Jogando na Interland

Exercer a cidadania na internet também é muito importante. Você conhece a Interland e os jogos do programa *Seja incrível na internet*? Acesse o *site* https://beinternetawesome.withgoogle.com/pt-br_br/interland e descubra como cada jogo funciona. Conheça a seguir o jogo *Reino da Bondade* e algumas das regras dele:

Fotos: Reprodução/Interland

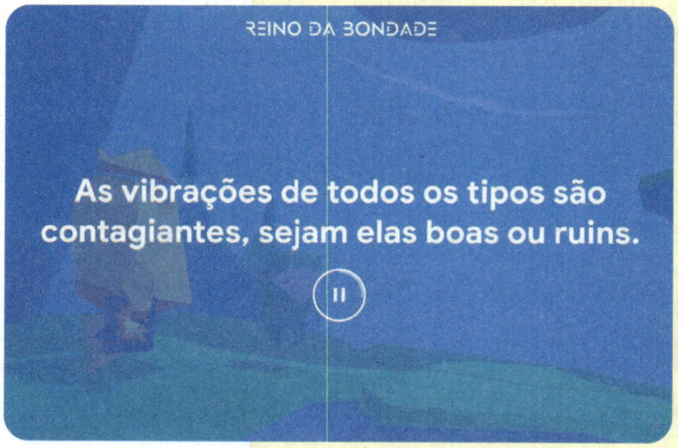

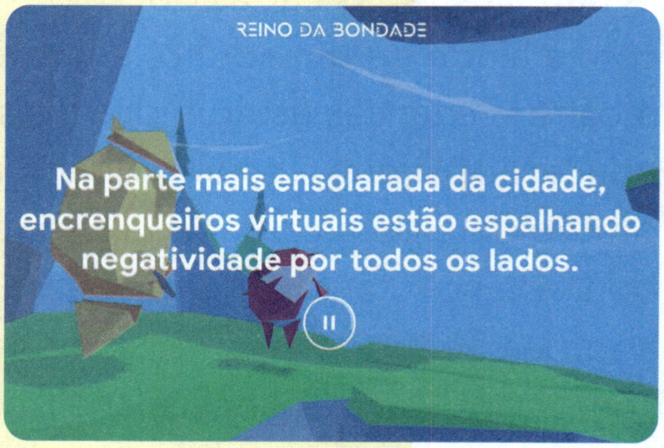

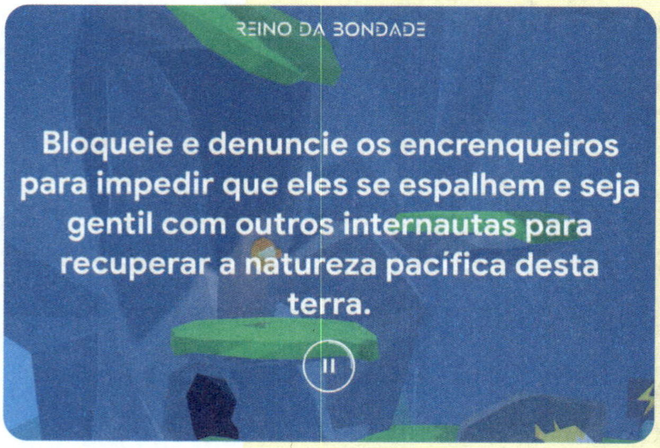

Fotos: Reprodução/Interland

Reúna-se com os colegas e dividam os jogos da Interland em grupos, de forma que cada grupo fique responsável por um jogo diferente. Os grupos deverão elaborar tutoriais em vídeo para ensinar o público da campanha a jogar, mostrando que cidadania na internet também é coisa séria.

PLANEJAMENTO DO ROTEIRO DO TUTORIAL

- Definam se o tutorial em vídeo vai ensinar apenas a confeccionar o jogo, se vai ensinar apenas a jogar ou se vai fazer as duas coisas.
- Combinem qual integrante do grupo aparecerá em frente à câmera e realizará os passos do tutorial ou se vocês vão filmar apenas as mãos de um dos integrantes executando as ações (ou a tela do computador, no caso do jogo). Se preferirem, vocês podem ainda fazer um vídeo ilustrado, com montagens de desenhos e fotografias.

- Preparem um roteiro deixando bem definida cada etapa do tutorial: introdução, material necessário, como fazer, como jogar.
- Decidam se vão optar por tratar os interlocutores de maneira mais descontraída e informal ou de maneira mais distante e formal.
- Empreguem formas verbais que deem comandos claros aos interlocutores.
- Indiquem o material necessário para a confecção ou a realização do jogo.
- Indiquem separadamente e de forma clara cada um dos passos a serem seguidos para confeccionar o jogo e/ou jogar.
- Na introdução, se julgarem conveniente, falem sobre a campanha organizada pela turma e os objetivos de vocês com a produção do tutorial.

ANTES DE GRAVAR O VÍDEO

- Definam quem vai gravar, quem vai aparecer no vídeo e quem vai providenciar as imagens necessárias para a produção do tutorial.
- Separem os materiais e deixem-nos à mão.
- Tenham o roteiro em mãos para não esquecer nenhuma das partes.
- Se um dos integrantes for aparecer no vídeo, tentem usar duas câmeras: uma para gravar a pessoa que está ensinando ou jogando e outra para gravar apenas o jogo (se possível, no caso do jogo *on-line*, utilizem um programa que grave diretamente a tela do computador).
- Lembrem-se: antes de dar início ao tutorial, o apresentador do vídeo deve cumprimentar os espectadores.
- Deixem claro aos interlocutores quais são os materiais necessários e o que exatamente deve ser feito em cada um dos passos a serem seguidos.
- Façam alguns ensaios até se convencerem de que estão prontos para gravar.

REVISÃO E EDIÇÃO DO TUTORIAL

Antes de finalizar o tutorial em vídeo, observem:

- O(s) objetivo(s) do tutorial, de ensinar a confeccionar o jogo e/ou jogar, foi/foram adequadamente apresentado(s)?
- Todos os materiais necessários foram citados?
- Os passos a serem seguidos foram indicados de forma clara e completa?
- O tom de voz está audível, a dicção está clara, as imagens estão nítidas e tudo está de acordo com o que é falado? Caso algo não esteja bom, refaçam.
- Há uma introdução que fala brevemente sobre a campanha e os objetivos de vocês com o tutorial?

Após verificar todos esses itens, finalizem a edição do vídeo. Se a escola tiver um professor de Informática ou Robótica, peçam ajuda a ele para fazer a edição. O vídeo será apresentado no lançamento da campanha, ao final desta unidade.

DIVIRTA-SE

© Clara Gomes/Acervo da cartunista

(Disponível em: http://bichinhosdejardim.com/wp-content/uploads/2010/11/bdj-101118-web.jpg. Acesso em: 9/3/2021.)

decrépita: muito velha, destruída, arruinada.

CAPÍTULO 2

FAZER VALER NOSSOS DIREITOS!

LEITURA

Leia esta crônica de Rubem Braga:

Infância

Os cariocas têm preconceito de inverno; [...] quase todo mundo pensa que não deve ir mais à praia. Temos tido uma série de dias lindos, com a água do mar a uma temperatura aceitável e um sol esplêndido, muito mais gostoso que aquele sol do verão, violento e mal-educado, que faz frigir os miolos dentro da cabeça [...] E fica todo mundo encafuado em casa, fazendo inverno.

Ilustra Cartoon/Arquivo da editora

Todo mundo não. Porque chegou o 1º de julho e as crianças alegremente tomaram conta da areia. Parecia manhã de festa em Ipanema: iam surgindo grupos de meninos e meninas, mocinhos e mocinhas, trazendo petecas, bolas e raquetes, tábuas de fazer jacaré, pés de pato, óculos de mergulhar, na grande alegria colorida das férias. [...] Nunca tive tanta pena dos meninos pobres, dos que, desde o começo, são obrigados a trabalhar de algum jeito para ter o que comer no seu barraco triste, como nesta manhã luminosa em que os outros, livres da tortura das provas escolares, eu os vi chegando à praia em grupos, a rir, a falar alto, senhores do mar e do mundo, senhores do sol e da vida. Mesmo que amanhã um destino clemente dê uma vida melhor a um desses pequenos párias de nossos morros [...], quem lhes pagará jamais estas manhãs livres que eles perderam, essa festa de pureza e de liberdade a que outros foram, e eles não puderam ir? [...] é insuportavelmente doloroso pensar em crianças roubadas nas grandes, nas simples e profundas alegrias de infância, tesouro que ninguém poderá devolver.

Eu tive uma infância livre e feliz, nos morros, nos córregos, no rio e no mar de minha terra; sem o mínimo sinal ou pensamento de luxo, mas tendo sempre comida para comer e camisa limpinha para mudar, com fazenda nas férias de inverno e praia nos meses de verão. Talvez isso tivesse aumentado o choque recebido depois, quando fui obrigado a ver a cara mais feia da vida.

Mas os primeiros golpes ruins que me vieram já pegaram um rapaz de 16 anos; minha infância ficou para sempre como um país de alegria onde posso voltar a qualquer instante, entre árvores e ondas, para me consolar.

Vendo passar, nesta manhã de sol, esse menino que leva penosamente os embrulhos de um armazém, enquanto os de sua idade estão vadiando na areia — eu sinto uma pena imensa, vontade de chamar o guarda, chamar o senhor de óculos, chamar todas as autoridades do mundo e gritar que isso é um crime, que isso não pode, não deve ser.

(Disponível em: https://cronicabrasileira.org.br/cronicas/11008/infancia. Acesso em: 10/2/2021.)

OS SENTIDOS DO TEXTO

1 Segundo o texto, "os cariocas têm preconceito de inverno". Qual atitude dos cariocas o autor usa para justificar essa afirmação?

____

____

2 O autor compara o sol de inverno com o sol do verão.

a) Qual dos dois é melhor para ele? Por quê?

____

____

____

b) Quais palavras o autor usa para descrever o sol do verão? Copie.

____

c) Troque ideias com os colegas e deduza: O que significa "frigir os miolos dentro da cabeça"? Trata-se de uma linguagem figurada ou de um uso das palavras em seu sentido literal?

____

____

____

____

QUEM É RUBEM BRAGA?

Considerado um dos maiores escritores do Brasil, Rubem Braga (1913-1990) nasceu na cidade de Cachoeiro do Itapemirim (ES). Desde muito jovem trabalhou em jornais e, como repórter, fez a cobertura da Segunda Guerra Mundial pelo jornal *Diário Carioca*. Ficou muito conhecido por suas crônicas, isto é, textos curtos, como o que você leu neste capítulo, que narram fatos simples do dia a dia. Em 62 anos de carreira, Rubem Braga escreveu mais de 15 mil crônicas.

Alexandre Sassaki/Estadão Conteúdo

3 O que acontece no dia 1º de julho? E por que isso acontece nessa época?

____

____

____

4 No segundo parágrafo, o autor fala sobre um sentimento que tem em relação a um grupo específico de pessoas. Releia este trecho:

"Mesmo que amanhã um destino clemente dê uma vida melhor a um desses pequenos párias de nossos morros [...], quem lhes pagará jamais estas manhãs livres que eles perderam, essa festa de pureza e de liberdade a que outros foram, e eles não puderam ir? [...]"

a) Qual expressão do trecho o autor usa para se referir a essas pessoas? Marque:

◯ um destino clemente

◯ desses pequenos párias de nossos morros

◯ essa festa de pureza e liberdade

b) Observe os sentidos dados pelo dicionário ***Houaiss*** para as palavras **clemente** e **párias**:

clemente
▪ adjetivo de dois gêneros
1. que tem clemência; indulgente, bondoso, benigno
Ex.: *o juiz mostrou-se c. na aplicação da pena*
2. sem extremos; suave, ameno, temperado (esp. falando do clima ou do tempo)

pária
▪ substantivo de dois gêneros
1. indiano não pertencente a qualquer casta, considerado impuro e desprezível pela tradição cultural hinduísta [Entre os párias, em sua maioria descendentes de tribos indianas autóctones e insubmissas ao domínio ariano, tb. se incluem os bastardos (pais estrangeiros ou pertencentes a castas diferentes), os filhos de meretrizes e os que cometeram graves infrações contra preceitos sociais ou religiosos.]
2. Derivação: por extensão de sentido.
pessoa mantida à margem da sociedade ou excluída do convívio social

c) Pinte, no texto da página anterior, as definições que se aplicam a essas duas palavras do texto em estudo.

d) Considerando as respostas dadas nos itens **a** e **b**, explique oralmente: Que sentimento o autor tem em relação a essas pessoas e quem são elas no contexto da crônica?

e) Para o autor, essas pessoas poderão recuperar no futuro o que perderam naqueles dias? Por quê?

____

____

____

5 O autor descreve como foi a infância dele.

a) A infância dele foi boa ou ruim? ______________________

b) Escolha um dos fatos que o autor conta sobre a infância dele e faça um desenho para representá-lo. Em seguida, copie o trecho do texto que descreve esse fato para servir de legenda para o seu desenho.

Trecho escolhido: ______________________________

____

____

6 Releia este trecho do texto:

"Mas os primeiros golpes ruins que me vieram já pegaram um rapaz de 16 anos; minha infância ficou para sempre como um país de alegria onde posso voltar a qualquer instante, entre árvores e ondas, para me consolar."

Levante hipóteses:

a) O que são os "golpes ruins" que "pegaram um rapaz de 16 anos"?

____

____

b) De que forma ele pode voltar ao "país de alegria"?

____

____

7 No último parágrafo do texto, o autor fala sobre uma cena que vê no momento em que escreve.

a) Qual é essa cena?

____

____

____

b) O autor é tomado de vários sentimentos ao ver essa cena. Sublinhe o trecho no qual ele descreve esses sentimentos.

c) Troque ideias com os colegas e o professor e responda oralmente: Por que o autor tem esses sentimentos?

d) Você já viu uma cena parecida com essa? Que sentimentos essa situação despertou em você? Comente com os colegas.

8 Veja, a seguir, alguns dos direitos universais das crianças e marque aqueles que estão no centro da história que você leu.

◯ Poder expressar pensamentos e gostos.

◯ Ter acesso a condições dignas de saúde.

◯ Ter acesso a cultura, lazer e esporte.

◯ Ter um nome e a nacionalidade brasileira garantida.

◯ Ser protegido contra o trabalho infantil.

A LINGUAGEM DO TEXTO

1 O autor termina o primeiro parágrafo dizendo que "fica todo mundo encafuado em casa no inverno".

a) Considerando o contexto, deduza: O que é **encafuado**? Se julgar necessário, consulte um dicionário.

____

b) No segundo parágrafo, ele se corrige. Circule, no texto, a frase em que ele faz essa correção.

c) Troque ideias com os colegas e o professor e responda oralmente: Como o autor do texto justifica a correção que faz?

2 Releia este trecho:

> "**os outros**, livres da tortura das provas escolares, eu **os** vi chegando à praia em grupos, a rir, a falar alto, senhores do mar e do mundo, senhores do sol e da vida."

a) A quem se referem os termos em destaque **os outros** e **os**?

____

____

____

b) Troque ideias com os colegas e o professor: Qual é o sentido das expressões **senhores do mar e do mundo** e **senhores do sol e da vida**? Marque:

( ) O autor emprega a palavra **senhores** para indicar que as pessoas que estão nadando no mar e passeando na praia ensolarada têm a idade avançada.

( ) O autor emprega a palavra **senhores** para indicar que as crianças que estão nadando no mar e passeando na praia ensolarada são mal-educadas.

( ) O autor emprega a palavra **senhores** para indicar que as crianças têm poder de escolha e circulam livremente pelo mar e pela praia ensolarada.

DE OLHO NA ORALIDADE: DEBATENDO SOBRE A INFÂNCIA E OS DIREITOS DA CRIANÇA

Em roda, discuta com os colegas as questões a seguir ou aquelas que vocês escolherem.

Ilustra Cartoon/Arquivo da editora

1 No texto que você estudou na seção anterior, o autor descreve a infância dele. E a sua? Como tem sido a sua infância? Conte para os colegas.

2 Após ver uma cena de uma criança trabalhando, o autor do texto se sente muito mal. Como você acha que cidadãos responsáveis podem ajudar a combater situações como essa?

3 Você viu, no capítulo anterior e neste, alguns dos direitos garantidos por leis e estatutos de proteção à criança. Qual desses direitos você acha mais importante? Você considera que, na sua vida, tem todos esses direitos respeitados?

LENDO INFOGRÁFICO

Na crônica "Infância", o narrador se lamenta por presenciar situações de trabalho infantil. Leia o infográfico a seguir, que trata desse tema.

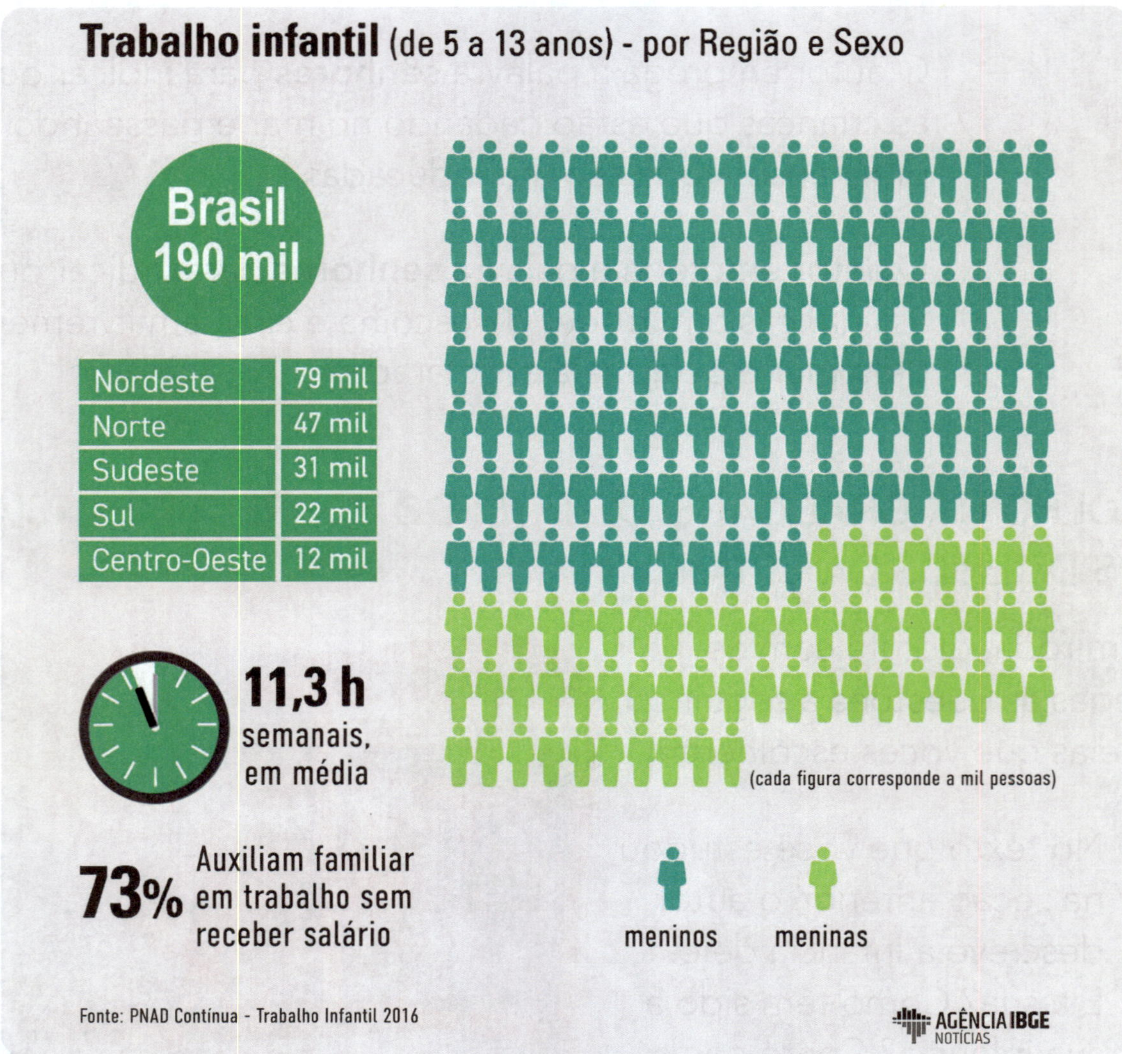

(Disponível em: https://crianca.mppr.mp.br/arquivos/Image/noticias/trabalho_infantil/info_TrabalhoInfantil_fim2.jpg. Acesso em: 9/3/2021.)

1 Observe o título do infográfico.

a) Qual é a faixa de idade das crianças representadas?

____

b) Por quais características essas crianças estão divididas no infográfico?

____

____

____

2 Ao lermos um infográfico, é importante verificar se a fonte e a instituição responsável por ele são confiáveis.

a) Circule no infográfico:

- de **vermelho**, a fonte dos dados.
- de **azul**, a instituição responsável pelo infográfico.

b) Troque ideias com os colegas e o professor e marque, entre as opções a seguir, o significado correto das siglas PNAD e IBGE.

◯ PNAD: Palavras Novas de Amizade e Doçura e IBGE: Informações Básicas de Gostos e Escolhas

◯ PNAD: Pesquisa Nacional por Amostra de Domicílios e IBGE: Instituto Brasileiro de Geografia e Estatística

3 O infográfico mostra que muitas crianças ainda trabalham no Brasil.

a) No total, quantas crianças trabalham no país?

____

b) Observe as regiões brasileiras listadas: Em qual ordem elas aparecem no infográfico, de cima para baixo? Marque com um X.

- ( ) Na ordem em que aparecem no mapa do Brasil.
- ( ) Em ordem alfabética.
- ( ) Em ordem decrescente do número de crianças que trabalham.
- ( ) Em ordem crescente do número de crianças que trabalham.

4 O infográfico indica também o quanto essas crianças trabalham por semana.

a) Que objeto ilustrado no infográfico indica esse dado? O que há de semelhante entre esse objeto e o dado apresentado?

___

___

b) Quantas horas em média as crianças trabalham por semana?

___

c) Troque ideias com os colegas e o professor e responda oralmente: Essa carga horária representa menos ou mais de uma hora por dia?

5 Segundo o texto, 73 em cada 100 crianças ajudam alguma pessoa da família em trabalho.

a) Circule, no infográfico, onde esse dado está escrito.

b) Essas crianças ganham algum dinheiro em troca dessa ajuda?

___

c) Troque ideias com os colegas e o professor e conclua: Isso corresponde a menos ou mais da metade das crianças brasileiras? Justifique sua resposta.

6 Agora, observe as figuras do lado direito do infográfico.

a) O que cada uma delas representa?

____

b) Qual é a diferença entre as figuras verdes e as figuras amarelas?

____

____

c) Conclua: Qual mão de obra é mais explorada no Brasil: a dos meninos ou a das meninas?

____

REFLEXÃO SOBRE A LINGUAGEM

A CONCORDÂNCIA DO VERBO COM O SUJEITO COMPOSTO

Você aprendeu, no 3º ano, que o verbo precisa estar em concordância com o agente, também conhecido como sujeito. Vamos rever e ampliar o assunto?

Releia estas frases da crônica de Rubem Braga que você estudou no início do capítulo:

"Os cariocas têm preconceito de inverno; [...]"

"E fica todo mundo encafuado em casa [...]"

"As crianças [...] tomaram conta da areia."

"Eu tive uma infância livre e feliz [...]"

Ilustra Cartoon/Arquivo da editora

1 Leia o boxe **Agente ou sujeito da oração**. Depois, identifique, em cada uma das frases, as palavras que correspondem aos agentes ou sujeitos das formas verbais em destaque.

____

____

2 Agora, observe as formas verbais.

a) Quais estão no singular e quais estão no plural?

____

____

b) Troque ideias com os colegas e o professor: Por que há essa variação?

Agente ou sujeito da oração

Você aprendeu que, em uma frase, o **verbo** expressa a ação verbal e o **agente** é o termo (palavra ou expressão) que executa a ação verbal.

O agente também é conhecido como **sujeito** da oração, isto é, a parte da oração sobre a qual se afirma algo. Por exemplo:

O jovem ainda não se casou.
(O jovem: sujeito; casou: verbo)

Os jovens ainda não se casaram.
(Os jovens: sujeito; casaram: verbo)

Eles ainda não se casaram.
(Eles: sujeito; casaram: verbo)

Note que o sujeito é, em geral, formado por um substantivo ou um pronome e está sempre em concordância com o verbo.

3 Reescreva as frases selecionadas da crônica, fazendo as substituições e as alterações necessárias de acordo com a concordância da norma-padrão.

a) Substituindo **os cariocas** por **o cidadão do Rio de Janeiro**, na primeira frase.

____

____

b) Substituindo **todo mundo** por **as pessoas**, na segunda frase.

____

____

c) Substituindo **as crianças** por **os meninos e as meninas**, na terceira frase.

____

____

d) Substituindo a palavra **eu** pela expressão **eu e minha irmã**, na quarta frase.

____

____

4 Agora, compare as formas verbais das frases reescritas na questão 3 com as formas verbais das frases originais da crônica e conclua:

a) Em quais delas a forma verbal se alterou? Por que isso ocorreu?

____

____

b) Em qual delas a forma verbal não se alterou? Por que isso ocorreu?

____

____

Ao responder às questões anteriores, você viu que o sujeito (ou agente) de uma oração pode se apresentar de várias formas. Às vezes, o sujeito é simples por ter um único núcleo, isto é, palavra mais importante, que costuma ser um substantivo ou um pronome; às vezes, vem antes do verbo e, às vezes, vem depois do verbo. Veja a seguir.

- sujeito simples e núcleo no singular → verbo no singular

núcleo

Fica todo **mundo** encafuado em casa.

sujeito

verbo

- sujeito simples e núcleo no plural → verbo no plural

núcleo

Os **cariocas** têm preconceito de inverno.

sujeito

verbo

- sujeito composto e núcleos no singular ou no plural → verbo no plural

núcleo núcleo

Eu e minha **irmã** tivemos uma infância feliz.

sujeito

verbo

núcleo núcleo

Os **meninos** e as **meninas** tomaram conta da areia.

sujeito

verbo

5 As seguintes frases da crônica de Rubem Braga estão embaralhadas.

Eles	ficou para sempre como um país de alegria.
Minha infância	temos tido uma série de dias lindos.
Eu	chegou.
Nós	não puderam ir.
O 1º de julho	sinto uma pena imensa.

a) Sem voltar ao texto, faça a correspondência correta entre os sujeitos/agentes do verbo e o restante da frase.

b) Troque ideias com os colegas e o professor e responda oralmente: Além dos sentidos do texto, o que mais ajuda a resolver o item **a**?

DE OLHO NA LEITURA E NA ESCRITA: ACENTUAÇÃO DAS PALAVRAS PAROXÍTONAS

Leia as seguintes palavras extraídas da crônica "Infância", que você leu no começo deste capítulo.

férias **série**
aceitável **sol**
tábuas **infância**
sinal

Ilustra Cartoon/Arquivo da editora

1 Considerando as letras com que essas palavras terminam, é possível dividi-las em dois grupos. Troque ideias com os colegas e o professor e complete:

- Palavras terminadas com uma sequência de duas ____________ (uma fraca — semivogal — e uma forte), seguidas ou não de **s**.
- Palavras terminadas com a letra _____.

2 Todas as palavras acentuadas do quadro têm em comum a mesma posição da sílaba tônica.

a) Qual é essa posição? Como são classificadas essas palavras?

____

b) Circule essas palavras.

3 Compare suas respostas às questões 1 e 2 e conclua: Qual é a regra de acentuação que explica o acento dessas palavras do quadro?

____

____

____

4 Compare estes dois grupos de palavras:

Palavras oxítonas	Palavras paroxítonas
hotel	insubstituível
caqui	táxi
falar	açúcar
ação	órgão

a) O que as palavras dos dois grupos têm em comum?

____

b) Foram acentuadas as palavras de qual grupo: o das oxítonas ou o das paroxítonas?

____

5 Compare os tipos de acento das sílabas tônicas das seguintes palavras paroxítonas.

fácil	têxtil	míssil	aljôfar
caráter	réptil	acessível	imóvel
solúvel	âmbar	útil	bênção

a) Você sabe o significado de todas essas palavras? Comente com os colegas e o professor e, juntos, procurem em um dicionário os significados das palavras desconhecidas.

b) Quais palavras paroxítonas receberam acento circunflexo (^)?

____

c) Como é a vogal das palavras que receberam acento circunflexo: aberta, fechada ou nasal?

____

d) Conclua: Quando é empregado o acento circunflexo nas palavras paroxítonas? E o acento agudo (´)?

____

____

6 Observe as palavras empregadas no infográfico que você leu neste capítulo.

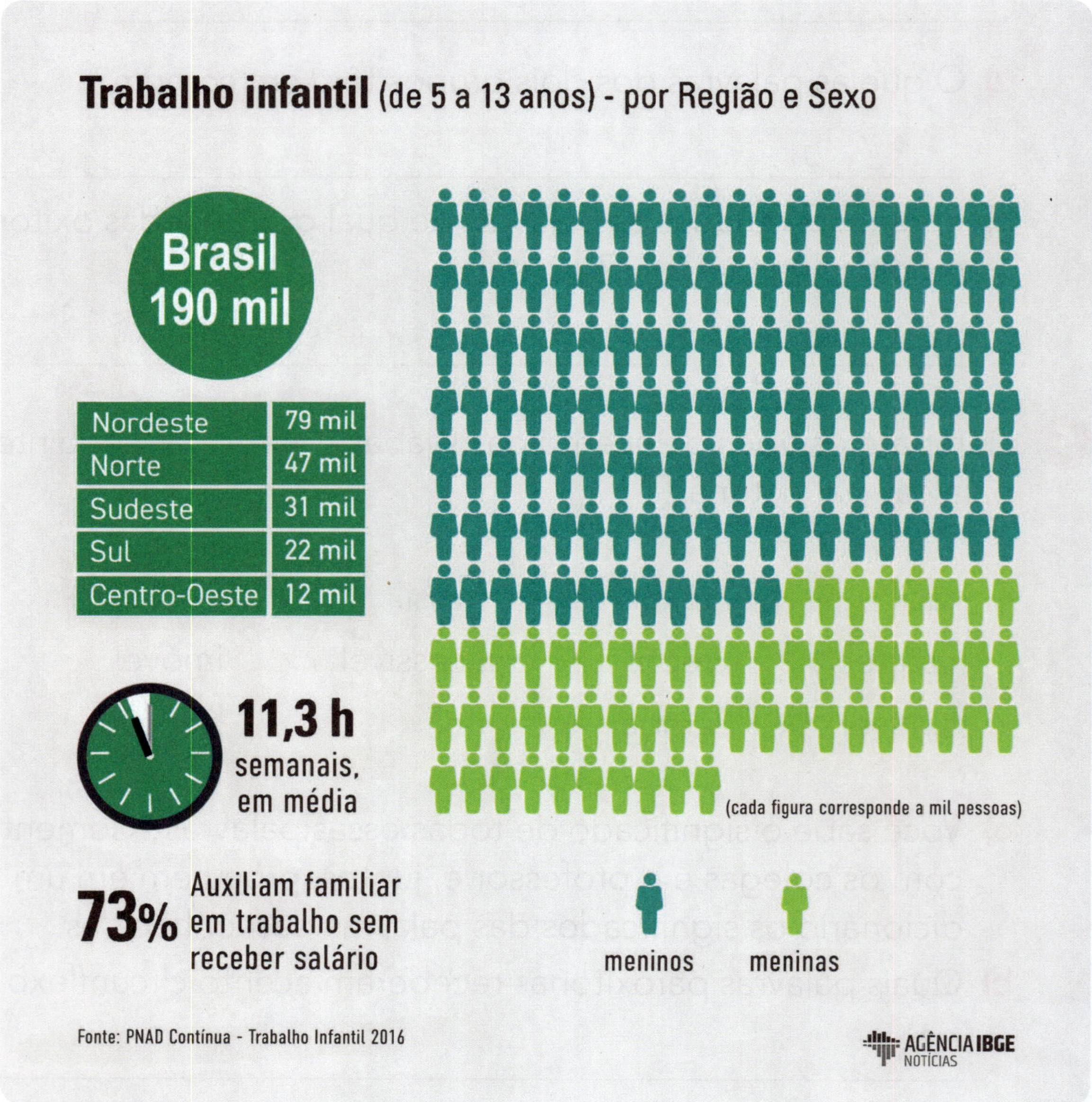

(Disponível em: https://crianca.mppr.mp.br/arquivos/Image/noticias/trabalho_infantil/info_TrabalhoInfantil_fim2.jpg. Acesso em: 9/3/2021.)

a) Circule todas as palavras paroxítonas que recebem acento.

b) Todas essas palavras foram acentuadas por um mesmo motivo. Qual é ele?

___

___

c) Por que as palavras **infantil**, **Brasil** e **mil**, terminadas em **l**, não são acentuadas?

___

___

BRINCANDO COM PALAVRAS

1 As máquinas estão colocando acento em todas as palavras paroxítonas que passam por elas. Ligue à primeira máquina as palavras que devem receber acento agudo e à segunda máquina as palavras que devem receber acento circunflexo e reescreva-as, corretamente acentuadas, nas linhas indicadas ao lado.

cerimonia

amavel

trapezio

femur

incrivel

mesa

orgão

amigo

nectar

felicidade

bençāo

JULIE LUCHT/Shutterstock

2 As manchetes dos jornais perderam seus sujeitos. Ajude a encontrar, no quadro abaixo, os sujeitos de cada uma e escreva-os no lugar certo. Todas as expressões do quadro devem ser utilizadas, uma em cada jornal.

Dica: Preste atenção à concordância e aos sentidos das manchetes para encontrar as respostas corretas.

Conferência da Criança e do Adolescente	OIT e Aliança 8.7
Direitos das crianças	Projeto social
Crianças e adolescentes	Fiscalização

alexmillos/Shutterstock

PRODUÇÃO DE TEXTO

A CARTA DE RECLAMAÇÃO

Nas seções anteriores, você viu que o trabalho infantil é uma prática que vai contra os direitos da criança. Mas não é só o trabalho infantil que contraria esses direitos. Leia o texto a seguir.

A Páscoa se transformou em um momento de intensa exploração comercial. A indústria de chocolate vê na data uma oportunidade de alavancar as vendas e passa dos limites éticos e legais ao tentar persuadir crianças a consumirem. Para isso, fazem venda casada de ovos com brinquedos, criam embalagens com personagens infantis, realizam ações em pontos de vendas com foco neste público, entre outras estratégias, com profundo impacto na saúde dos pequenos.

[...]

Então, manifeste-se! Preencha o formulário abaixo que nós enviaremos sua carta.

Prezada equipe da _______________,

Constatei que seus produtos têm sido anunciados diretamente para as crianças, uma prática ilegal e abusiva. Já há consenso entre especialistas de que a publicidade infantil de produtos alimentícios — que inclui a venda casada com brinquedos e uso de personagens com apelo a este público em embalagens e materiais de comunicação — está **intrinsecamente** ligada ao aumento do índice de obesidade infantil, consumismo e estresse familiar.

A Constituição Federal (art. 227) estabelece que toda a sociedade é responsável por garantir os direitos das crianças com prioridade absoluta, o que inclui vocês! A proteção da infância deve estar acima de interesses puramente comerciais.

Por não terem ainda sua capacidade crítica plenamente desenvolvida, as crianças precisam de um interlocutor **legítimo** para orientar suas escolhas. Portanto peço que dirijam a mim suas mensagens publicitárias, deixando nossas crianças livres e saudáveis, orientadas por mães, pais e responsáveis. Afinal, comprar é assunto de gente grande!

Desta forma, sua empresa irá assumir uma postura ética e a responsabilidade constitucional de garantir a vivência plena da infância.

Nesta Páscoa, #AnunciaPraMim!
Deixem nossos filhos em paz.

Atenciosamente,

____

(Disponível em: https://anunciapramim.com/. Acesso em: 9/3/2021.)

intrinsecamente: diretamente, profundamente.
legítimo: que se guia pela razão, pelo bom senso.

1 O texto que você leu faz parte de uma campanha que contém uma carta de reclamação. Sobre o trecho introdutório, anterior à carta, responda oralmente:

a) De qual tradição e data comemorativa ele trata?

b) Troque ideias com os colegas e o professor e deduza: O que significa a expressão **venda casada**?

c) A quem a expressão **neste público** se refere?

d) Levante hipóteses: A quem se dirigem as formas verbais **Manifeste-se** e **Preencha**, isto é, quem deve se manifestar e preencher o formulário?

2 Agora, leia o texto da carta de reclamação.

a) Deduza: A que tipo de empresa essa carta se dirige?

____

____

b) Quem assina essa carta? Troque ideias com os colegas e o professor e pinte, na carta, as palavras e expressões que indicam quem é a pessoa que assina.

c) Responda oralmente: Qual é a principal reclamação da carta? Além dela, há um pedido. Identifique-o.

3 É comum que cartas contenham, na primeira linha, o local e a data em que foram escritas.

a) Troque ideias com os colegas e o professor e responda oralmente: Por que não há essa informação na carta em estudo?

b) Preencha a linha a seguir com o local e a data de hoje, como se você fosse escrever uma carta.

____

4 Releia estes dois trechos da carta:

- "**Constatei** que seus produtos têm sido anunciados diretamente para as crianças, uma prática ilegal e abusiva."
- "**peço** que dirijam a mim suas mensagens publicitárias"

a) Observe as formas verbais em destaque. Troque ideias com os colegas e o professor e deduza: Quem é o agente dessas formas verbais? Qual pessoa ele representa?

b) Em um dos trechos são usados dois adjetivos para caracterizar a prática da publicidade voltada diretamente para crianças. Sublinhe-os.

c) Responda oralmente: O que as palavras sublinhadas por você significam? Se precisar, consulte um dicionário.

5 Releia o parágrafo final da carta:

"Desta forma, sua empresa irá assumir uma postura ética e a responsabilidade constitucional de garantir a vivência plena da infância."

Troque ideias com os colegas e o professor e faça a correspondência correta entre as palavras em destaque e o significado de cada uma delas:

- "postura **ética**"
- "responsabilidade **constitucional**"
- "vivência **plena** da infância"

- prevista na Constituição, isto é, na lei máxima do país
- completa, em todas as suas possibilidades
- de acordo com as regras morais, que orientam a convivência coletiva respeitosa, valorizadas na sociedade

6 Para fundamentar o ponto de vista defendido, o texto da carta faz uso de alguns tipos de argumentos, por exemplo:

- Uso de SITUAÇÕES e FATOS do dia a dia para exemplificar. (SF)
- CITAÇÃO de documentos, leis, pesquisas científicas e AUTORIDADES em geral. (CA)
- Apelo para a IMAGEM que o DESTINATÁRIO deseja que a sociedade tenha dele. (ID)

Releia os trechos a seguir e marque com as letras correspondentes (SF, CA ou ID) qual o tipo de argumento utilizado em cada um.

- "Já há consenso entre especialistas de que a publicidade infantil de produtos alimentícios [...] está intrinsecamente ligada ao aumento do índice de obesidade infantil, consumismo e estresse familiar." (   )
- "a venda casada com brinquedos e uso de personagens com apelo a este público em embalagens e materiais de comunicação" (   )
- "A Constituição Federal (art. 227) estabelece que toda a sociedade é responsável por garantir os direitos das crianças com prioridade absoluta" (   )
- "Desta forma, sua empresa irá assumir uma postura ética e a responsabilidade constitucional de garantir a vivência plena da infância." (   )

Anna Nahabed/Shutterstock

7 Observe a linguagem utilizada na carta de reclamação.

a) A variedade linguística empregada está de acordo com a norma-padrão?

____

b) No texto, o ponto de exclamação foi empregado três vezes. Troque ideias com os colegas e o professor: Que efeito de sentido esse sinal de pontuação constrói na carta?

c) A linguagem utilizada na carta é mais formal ou mais informal?

____

AGORA É A SUA VEZ

Nesta unidade, vocês estão organizando uma campanha sobre cidadania e consumo consciente direcionada ao público infantil. A carta de reclamação é um veículo para que as pessoas possam exercer de forma plena a cidadania delas e é importante contar isso ao público da campanha dando exemplos e mostrando como podemos nos fazer ouvir por meio de cartas.

Combine com os colegas e o professor a melhor forma de realizar as propostas a seguir. Em ao menos um dos casos, vocês podem optar por fazer uma carta coletiva, assinada por toda a turma.

Proposta 1 – "Isso não deve, não pode ser"

Releia o último parágrafo da crônica "Infância", de Rubem Braga:

> "Vendo passar, nesta manhã de sol, esse menino que leva penosamente os embrulhos de um armazém, enquanto os de sua idade estão vadiando na areia — eu sinto uma pena imensa, vontade de chamar o guarda, chamar o senhor de óculos,

chamar todas as autoridades do mundo e gritar que isso é um crime, que isso não pode, não deve ser."

Coloque-se no lugar do narrador e escreva uma carta de reclamação, em nome de toda a turma, dirigida ao Ministério Público do Trabalho, posicionando-se de forma contrária à exploração da mão de obra infantil.

Releia a crônica e o infográfico sobre trabalho infantil e relembre as discussões feitas neste capítulo e no anterior sobre os direitos fundamentais das crianças, a fim de construir argumentos que defendam o seu ponto de vista.

Proposta 2 – Não anuncia pra mim!

Reescreva a carta de reclamação que você estudou neste capítulo, colocando-se no lugar do autor, como criança que reclama da publicidade abusiva direcionada diretamente a ela e que pede aos anunciantes que se dirijam aos adultos e não às crianças.

Você pode aproveitar os argumentos utilizados na carta e incluir outros, que reflitam a sua experiência como criança e tudo o que você já aprendeu nesta unidade sobre os direitos da infância.

Proposta 3 – Faça ouvir a sua voz

Converse com os colegas e o professor e, juntos, relembrem situações que vocês viveram ou presenciaram nas quais os direitos da criança como cidadã estavam sendo desrespeitados: se você comprou algo que veio quebrado ou com defeito, se não há espaços públicos de lazer no bairro onde você mora, se não havia médico em um posto de saúde ou hospital alguma vez que você tenha precisado de atendimento, entre outras situações adversas que poderiam ser denunciadas por meio de uma carta de reclamação.

Como cidadãos conscientes, selecionem uma dessas situações citadas e escrevam uma carta para reclamar sobre ela.

PLANEJAMENTO DO TEXTO

- Escreva o local e a data no alto da folha.
- Defina quem será o destinatário da carta, escrevendo-o logo abaixo do local e da data.
- Comece a carta deixando claro o motivo da reclamação.
- Explique por que o motivo apresentado é importante e merece ser considerado pelo destinatário.
- Na argumentação, mencione leis, estatutos, documentos, dados, pesquisas, estudiosos, autoridades e fatos do dia a dia que ajudem a comprovar que o seu ponto de vista é sério e confiável.
- Procure explorar a imagem do seu interlocutor, considerando que ele certamente não desejaria ser visto como alguém que descumpre leis ou não preza por direitos considerados universais.
- Se julgar conveniente, faça também uma solicitação na carta, a fim de contribuir para resolver o problema do qual está reclamando.
- Use uma linguagem de acordo com a norma-padrão e com o grau de formalidade adequado.
- Assine a carta.
- Envie a carta ao destinatário pelo correio ou por meios eletrônicos.

REVISÃO E REESCRITA

Antes de passar a carta a limpo, verifique:

- O destinatário está indicado logo no começo?
- O motivo da reclamação está claro?
- Os argumentos apresentados são consistentes, convincentes e bem fundamentados por documentos, autoridades, dados, exemplos, etc.?

- A imagem do interlocutor foi explorada?
- A linguagem está de acordo com a norma-padrão e apresenta grau de formalidade adequado?
- Há assinatura?

Após finalizar a carta, envie-a ao devido destinatário. Antes, faça uma cópia para ser exposta e utilizada como exemplo de ação cidadã no dia do lançamento da campanha.

DIVIRTA-SE

Lugar de criança é na escola! Ajude as crianças a seguir pelo caminho correto.

Ilustra Cartoon/Arquivo da editora

CAPÍTULO 3

TEMPO DE SER CRIANÇA

Contribuir para uma sociedade sustentável com ações simples no dia a dia também é uma atitude de cidadania que pode ser realizada por crianças.

Existem várias maneiras de cuidar do planeta em que vivemos. Uma delas é buscar alternativas para o consumo em excesso. Afinal, levante a mão quem nunca foi às compras como opção de lazer. Mas será que é preciso sempre consumir para se divertir? Vocês já ouviram falar em consumo sustentável? A seguir, as nossas dicas de atividades divertidas e simples para fugir de programas caros para o bolso e para o meio ambiente.

LEITURA

TEXTO 1

Ganhou, doou!

Para que os armários não fiquem cheios de coisas guardadas que não usamos mais e ocupem muito espaço que tal fazer um combinado? Para cada brinquedo ou roupa nova que ganhar ou comprar que tal doar aquilo que ficou antigo para outras crianças? E o mais legal é que, para o novo dono, tudo será novo de novo! Vale experimentar porque essa moda pode pegar!

Vamos invadir as ruas de brincadeiras?

Que tal desligarmos um pouco a tevê, a internet e sairmos para a rua em busca de espaços divertidos para brincar? Além de não gastar quase nada, um passeio na praça ou no parque pode nos ajudar a fazer novos amigos e aprender brincadeiras diferentes. A cidade é nossa! Portanto, devemos invadir as ruas ocupando os espaços públicos com muitas brincadeiras e alegria, mas lembrando sempre de cuidar do que é de todos então... nada de lixo na rua!

Reprodução/Alana/ Ministério do Meio Ambiente

Sabia que lanches mais saudáveis podem gerar menos lixo?

Será que podemos escolher nossos lanches de maneira mais saudável e que não deixe tanto lixo? Frutas, sucos naturais e sanduíches feitos em casa são uma boa opção para nossa saúde e para natureza. Uma boa ideia é tentar escolher nossos lanches não só pelos personagens que estão nas embalagens, mas pelas coisas boas que esses alimentos podem trazer para nossa saúde. Usar lancheiras ou potinhos também contribui para diminuir o lixo. Peça ajuda para seus pais!

Eu quero ou eu preciso?

Vocês já pararam para pensar de onde vem nossa vontade de comprar alguma coisa? Será que tudo o que é anunciado na tevê nos interessa de verdade ou é um desejo passageiro? E, por último, será que precisamos de todas essas coisas e podemos comprar tudo que queremos? Por isso, que tal combinar primeiro o que vamos comprar ou se vamos comprar algo antes de ir passear num shopping ou supermercado? Assim ninguém fica triste; pais ou crianças. Outra ideia bacana é fazer uma economia junto com nossos pais para comprar algo que queremos muito ou escolher uma data bem especial para esse presente.

Trocar pode ser mais divertido do que comprar...

Vocês sabiam que crianças de outros lugares e países adoram trocar coisas em feiras? Muitas vezes famílias ou grupos de amigos organizam feiras de troca em espaços públicos como praças, igrejas ou parques. A ideia é muito simples: basta escolher um tema — roupas, material escolar, jogos, brinquedos, sapatos — e levar aquilo que não usamos ou não gostamos mais para trocar por outros itens. A única regra é querer trocar. E tudo isso pode ficar mais divertido se cada participante levar um prato com comidinhas gostosas. Topam?

Desligue os botões e entre em contato com a natureza.

Praias, bosques, trilhas, lagos, rios. Tudo isso existe em nossas vidas, mas parece esquecido. Que tal se passar por um detetive e redescobrir espaços ao ar livre para brincar? A curiosidade e a imaginação podem nos levar a lugares nunca antes experimentados ou vividos. Muitas vezes é preciso desligar os botões da tevê, da internet e dos jogos eletrônicos para descobrir novidades da natureza e de nossa imaginação.

Vamos tentar dar um final mais feliz para as embalagens?

Quase tudo que compramos hoje vem dentro de uma embalagem que pode ser caixa, garrafa, saquinho ou lata. E para onde vão todas essas caixas? Para o lixo! Agora, será que não podemos dar um destino mais feliz para elas? Claro! Uma ideia é separar as embalagens pelo seu material (plástico, vidro, papel e metal) antes de jogarmos no lixo, pois assim elas poderão ser recicladas e transformadas em coisas novas. Outra ideia é reutilizar as embalagens: caixas, por exemplo, podem ser úteis depois de vazias. Crie, invente, use de novo!

(Disponível em: https://criancaeconsumo.org.br/wp-content/uploads/2013/02/A1.pdf. Acesso em: 9/3/2021.)

OS SENTIDOS DO TEXTO

1 O título da cartilha ao qual o texto 1 pertence é "Consumismo infantil: na contramão da sustentabilidade".

a) Troque ideias com os colegas e o professor e responda oralmente: O que é **consumismo** e o que é **sustentabilidade**? Se julgarem necessário, consultem um dicionário.

b) Por que o consumismo vai "na contramão" da sustentabilidade?

____

____

____

____

____

____

c) Na introdução do pôster "Tempo de ser criança", em fundo amarelo, são feitas duas perguntas. Identifique-as e responda dando a sua opinião.

____

____

____

____

____

____

2 Cada desenho feito em uma meia esfera branca ilustra uma das partes do texto.

a) Faça a correspondência: ligue com um traço cada parte do texto ao desenho que a ilustra.

b) O texto introdutório que você leu para responder ao item c da questão 1 está dentro de uma das ilustrações do pôster. Indique o objeto que esse desenho representa e qual é o papel dele no pôster.

Reprodução/Alana/Ministério do Meio Ambiente

3 Cada trecho de texto do pôster trata de um tema relacionado ao consumismo e/ou à preservação do meio ambiente. De acordo com as legendas a seguir, identifique cada um dos trechos nas lacunas que os acompanham.

DR: Destinação correta de recicláveis

UC: Uso consciente de espaços públicos

TB: Troca de brinquedos

ME: Moderação no uso de eletrônicos

AS: Alimentação saudável

DB: Doação de brinquedos

EC: Equilíbrio e consciência nas compras

4 A cartilha contém alguns dados e informações sobre o tema e também dá sugestões e faz convites ao leitor.

a) Faça a correspondência correta entre as frases a seguir e o que cada uma indica:

- Uma afirmação que chama a atenção do leitor para um fato conhecido a respeito do assunto abordado.
- Um convite ou uma sugestão ao leitor.

"Que tal desligarmos um pouco a tevê, a internet e sairmos para a rua em busca de espaços divertidos para brincar?"

"Será que podemos escolher nossos lanches de maneira mais saudável e que não deixe tanto lixo?"

"Praias, bosques, trilhas, lagos, rios. Tudo isso existe em nossas vidas, mas parece esquecido."

"Que tal se passar por um detetive e redescobrir espaços ao ar livre para brincar?"

"Quase tudo que compramos hoje vem dentro de uma embalagem que pode ser caixa, garrafa, saquinho ou lata."

"Agora, será que não podemos dar um destino mais feliz para elas?"

b) Troque ideias com os colegas e o professor e identifique expressões que se repetem nas sugestões ou convites feitos ao leitor. Circule-as.

c) Identifique outros trechos, no texto, que fazem convites ou sugestões aos leitores.

____

____

____

5 O título do pôster é "Tempo de ser criança". Troque ideias com os colegas e o professor e, considerando as informações e orientações dadas no texto, marque um X no item que indica o que o texto valoriza:

◯ O tempo de ser criança na era tecnológica, com a possibilidade de passear pelo mundo todo pela tela de um computador.

◯ O tempo de ser criança num futuro que ainda não existe, quando serão comuns viagens entre os planetas e as crianças vão poder passear pela galáxia em suas naves espaciais.

◯ O tempo de ser criança na era da sustentabilidade, com ações conscientes e cidadãs, cuidando do meio ambiente e do planeta, sem deixar de brincar e se divertir.

6 Qual é o principal objetivo da cartilha? Assinale:

◯ convencer os leitores a tomar atitudes sustentáveis, contra o consumismo.

◯ convencer as pessoas a não ver TV ou jogar *videogame*.

◯ orientar as pessoas sobre como brincar ao ar livre.

A LINGUAGEM DO TEXTO

Releia a introdução do texto:

The Childhood/Shutterstock

"Existem várias maneiras de cuidar do planeta em que vivemos. Uma delas é buscar alternativas para o consumo em excesso. Afinal, levante a mão quem nunca foi às compras como opção de lazer. Mas será que é preciso sempre consumir para se divertir? Vocês já ouviram falar em consumo sustentável? A seguir, as nossas dicas de atividades divertidas e simples para fugir de programas caros para o bolso e para o meio ambiente."

1. Troque ideias com os colegas e o professor e responda oralmente: Qual é, no trecho, o sentido das seguintes frases e expressões?

   a) "levante a mão quem nunca foi às compras como opção de lazer"

   b) "programas caros para o bolso e para o meio ambiente"

2. Quem é o **vocês** a quem o texto se dirige na frase "Vocês já ouviram falar em consumo sustentável?"?

____

3. Sublinhe, na introdução do texto, o trecho em que é explicitado o tipo de dica que ele pretende dar.

TROCANDO IDEIAS

1. Você concorda que o consumismo está na contramão da sustentabilidade? Por quê?

Photographee.eu/Shutterstock

2. O pôster descreve diversas formas de atuação sustentáveis e menos consumistas. Qual dessas atitudes mencionadas no texto você acha a mais importante? Comente com os colegas e explique a sua opinião.

3. Em suas atitudes cotidianas, você procura agir de forma sustentável e não ser uma pessoa consumista? Alguma das atitudes mencionadas pela cartilha faz parte do seu dia a dia? Qual? Conte para os colegas.

TEXTO 2

Você leu um trecho de uma cartilha que tem como objetivo ensinar crianças a consumir de forma mais consciente, sustentável e barata, por meio de trocas, doações e reflexão, em vez de apenas comprar e comprar.

Sempre que compramos produtos em uma loja, é gerado um documento denominado nota fiscal. Veja a seguir um exemplo de nota fiscal de uma loja de brinquedos.

RECEBEMOS DE MERCADO PLASTIC LTDA OS PRODUTOS/SERVIÇOS CONSTANTES NA NOTA FISCAL INDICADA AO LADO		NF -e Nº: 000.307.655 SÉRIE: 1
DATA DE RECEBIMENTO ____/____/____	IDENTIFICAÇÃO E ASSINATURA DO RECEBEDOR	

BRINQUEDOS E CIA. LTDA
RUA BARÃO, 212 - CENTRO
SÃO PAULO / SP
TEL/FAX: 11 3311-66666
CEP: 01000-000

DANFE
DOCUMENTO AUXILIAR DA NOTA FISCAL ELETRÔNICA
0 – Entrada
1 – Saída
Nº 000.307.655
SÉRIE: 1
FOLHA: 1 de 1

CHAVE DE ACESSO
3001 0601 1001 1002 0003 5007 1020 3058 4099 1015 0111
Consulta de autenticidade no portal nacional da Se faz www.nfe.fazenda.gov.br/portal ou site da Se faz Autorizada

NATUREZA DA OPERAÇÃO	PROTOCOLO DE AUTORIZAÇÃO DE USO
VENDA DE MERCADORIA DENTRO ESTADO/VENDA DE MERCADO	100000480005000-13/06/2020 11:10:41

INSCRIÇÃO ESTADUAL	INSCRIÇÃO ESTADUAL SUB. TRIBUTÁRIA	CNPJ
105073027113		72.186.614/0001-20

DESTINATÁRIO/REMETENTE

NOME/RAZÃO SOCIAL	CNPJ/CPF	DATA DA EMISSÃO
		13/01/2022

ENDEREÇO	BAIRRO/DESTRITO	CEP	DATA DE SAÍDA/ENTRADA
			13/01/2022

MUNICÍPIO	FONE/FAX	UF	INSCRIÇÃO ESTADUAL	HORA DE SAÍDA
				10:37:36

FATURA

Número	Data Vcto	Valor	Num.: 305644	V.Orig.: 282,49	V. Liq.: 282,49
001	14/07/2022	282,49			

CÁLCULO DO IMPOSTO

BASE DE CÁLCULO DE ICMS	VALOR DO ICMS	BASE DE CÁLCULO ICMS ST	VALOR DO ICMS SUBSTITUIÇÃO	VALOR TOTAL DOS PRODUTOS
212,59	38,27	0,00	0,00	262,49

VALOR DO FRETE	VALOR DO SEGURO	DESCONTO	OUTRAS DESPESAS ACESSÓRIAS	VALOR DO IPI	VALOR APROX DOS TRIBUTOS	VALOR TOTAL DA NOTA
20,00	0,00	0,00	0,00	0,00	59,77	282,49

TRANSPORTADOR/VOLUMES TRANSPORTADOS

RAZÃO SOCIAL	FRETE POR CONTA	CÓDIGO ANTT	PLACA DO VEÍCULO	UF	CNPJ/CPF
RÁPIDO SERVIÇOS DE ENTREGA	1 – Dest.				29.138.500/0001-40

ENDEREÇO	MUNICÍPIO	UF	INSCRIÇÃO ESTADUAL
AVENIDA QUEIROZ NETO, 1800 – CONJ: 209 TORRE D	SÃO PAULO	SP	

QUANTIDADE	ESPÉCIE	MARCA	NUMERAÇÃO	PESO BRUTO	PESO LÍQUIDO
0			448	12,450	12,450

DADOS DO PRODUTO/SERVIÇO

CÓD. PROD.	DESCRIÇÃO DO PRODUTO/SERVIÇO	NCM SH	CST	CPOP	UNID.	QUANT.	VALOR UNITÁRIO	VALOR TOTAL	n. CALC. ICMS	VALOR ICMS	VALOR IPI	ALIQUOTAS ICMS	ALIQUOTAS IPI	VALOR APROX. DOS TRIBUTOS
000229000001	JOGO DE BOTÃO BRASILEIRÃO	95030099	0 00	5102	PC	1	34,00	34,00	34,00	6,29	0,00	18,00	0,00	7,80
000237500001	MESA JOGO FUTEBOL DE BOTÃO COM 2 MARCADORES	95030099	0 00	5102	PC	1	49,90	49,90	49,90	8,98	0,00	18,00	0,00	11,15
000258500001	BONECO GEOMÉTRICO	95030099	0 00	5102	PC	1	74,99	74,99	74,99	13,50	0,00	18,00	0,00	16,76
000959500001	MASSINHA ESPUMA CORES BRILHANTES	34070010	2 60	5102	PC	1	49,90	49,90	0,00	0,00	0,00	0,00	0,00	12,26
001104400001	JOGO DE FUTEBOL DE BOTÃO CRISTAL COM 2 SELEÇÕES – BRASIL X ALEMANHA	95030099	0 00	5102	PC	1	19,90	19,90	19,90	3,58	0,00	18,00	0,00	4,45
001385600001	JOGO STOP – PAIS & FILHOS	95030080	0 00	5102	PC	1	32,90	32,90	32,90	5,92	0,00	18,00	0,00	7,35

Junte-se a um colega para ler a nota fiscal e responder às questões.

1. Você já recebeu uma nota fiscal como essa ao comprar algum produto em uma loja ou pela internet?

____

2. De que tipo de loja é essa nota fiscal? Circule o nome da empresa na nota.

____

3. Quando essa compra foi feita?

____

4. Esses produtos foram comprados pela internet. Quanto foi cobrado pelo frete, isto é, pelo transporte dos produtos da loja até a casa do consumidor? Pinte de **vermelho**, na nota, o quadro que apresenta essa informação.

5. Nessa nota, foram listados diversos itens.

a) Quantos itens, no total?

____

b) Qual foi o item mais caro? Quanto ele custou?

____

____

c) Qual foi o item mais barato? Quanto ele custou?

____

____

6. ICMS é o nome de um imposto, ou tributo, isto é, um valor que pagamos ao Estado quando compramos uma mercadoria.

a) Pinte de **amarelo**, na nota fiscal, a coluna onde está indicado o valor do ICMS cobrado por cada brinquedo comprado. Pinte também de **amarelo** o quadro que apresenta o valor total cobrado desse tributo.

b) Em qual dos brinquedos não foi cobrado ICMS?

____

c) Pinte de **azul**, na nota fiscal, a coluna onde está o valor aproximado total dos tributos cobrados. Pinte também de **azul** o quadro que apresenta o valor total dos tributos cobrados.

7 Três dos itens comprados podem ser usados em uma única brincadeira.

a) Que brincadeira é essa?

____

____

____

b) Na nota fiscal, pinte de **verde** esses três itens.

8 Escolha um dos itens listados na nota fiscal e faça um desenho de como você imagina que ele é:

9 Você costuma saber o preço dos brinquedos que você compra ou ganha? Comente com os colegas.

REFLEXÃO SOBRE A LINGUAGEM

TEMPOS VERBAIS

Leia o texto a seguir.

A pesquisa "*Infância Plastificada: O impacto da publicidade infantil de brinquedos plásticos na saúde de crianças e no ambiente*" é pioneira no mundo por apresentar dados inéditos sobre o efeito "publicidade-desejo-consumo-descarte". [...]

A pesquisa foi conduzida pelo Grupo de Estudos e Pesquisa em Química Verde, Sustentabilidade e Educação (GPQV), da Universidade Federal de São Carlos (UFSCar), a pedido do Programa Criança e Consumo, do Instituto Alana.

(Disponível em: https://criancaeconsumo.org.br/noticias/o-impacto-da-publicidade-infantil-de-brinquedos-plasticos-na-saude-de-criancas-e-no-meio-ambiente/. Acesso em: 9/3/2021.)

1 Releia o título da pesquisa mencionada no texto:

> *"Infância Plastificada: O impacto da publicidade infantil de brinquedos plásticos na saúde de crianças e no ambiente"*

a) Troque ideias com os colegas e o professor e explique oralmente por que o título qualifica a infância como "plastificada".

b) Deduza: O que essa pesquisa tem em comum com o texto da cartilha que você leu no começo deste capítulo?

____

____

____

> **RETOMANDO O CONCEITO DE VERBO**
>
> Verbos são palavras que expressam ação ou estado. Em "A pesquisa **é** pioneira", a forma verbal **é** expressa o estado da pesquisa, revelando uma característica dela. Em "publicidade infantil **estimula** o consumo em excesso", a forma verbal **estimula** indica uma ação.

2 Releia estas frases:

- A publicidade infantil **estimula** o consumo em excesso.
- Pesquisadores universitários **conduziram** a pesquisa.
- Toneladas de brinquedos plásticos **serão** produzidas no Brasil até 2030.

Observe que as formas verbais destacadas nas frases se referem a fatos relacionados a três tempos diferentes: passado, presente e futuro.

a) Qual das formas verbais indica algo que aconteceu no passado?

____

b) Qual das formas verbais indica algo que está acontecendo atualmente, no momento presente?

____

c) Qual das formas verbais indica algo que vai acontecer no futuro?

____

3 Reescreva as frases, passando o verbo, que está no presente, para o passado e para o futuro. Veja o exemplo:

- Hoje, os familiares **chegam**. (presente)
- Ontem, os familiares **chegaram**. (passado)
- Amanhã, os familiares **chegarão**. (futuro)

a) Hoje, eles passeiam na orla de Salvador.

____

____

____

____

b) Hoje, as pessoas saem para fazer compras.

____

____

____

____

c) Hoje, as aulas estão suspensas.

____

____

____

____

4 Reflita sobre o seu comportamento como consumidor: Considerando o que você leu nos textos deste capítulo, como você pode melhorar seu comportamento de consumo? Preencha a tabela a seguir, utilizando as formas verbais no passado, no presente e no futuro. Veja o exemplo.

Antes de ler sobre consumismo na infância, eu	**Atualmente eu**	**Para o meu futuro, eu**
não conhecia o impacto negativo dos brinquedos de plástico.	sei que brinquedos de plástico prejudicam mais o meio ambiente.	comprarei menos brinquedos de plástico.

Leia a anedota:

A menininha **foi** visitar a avó no campo. A avó **tinha** uma criação enorme de aves, e a menininha, que **morava** na cidade, **ficou** encantada. De repente, passeando pelos arredores da fazenda da vovó, ela **viu** um pavão. **Voltou** correndo pra casa e, toda alegre, **avisou** pra vovó:

— Vovó... vovó... uma de suas galinhas está dando flor!

© Ziraldo Alves Pinto/Acervo do cartunista

(Ziraldo. *O livro do riso do Menino Maluquinho*. São Paulo: Melhoramentos, 2000. p. 60.)

5 O humor da anedota está na afirmação da menina. Explique por quê.

____

____

6 No caderno, reescreva a anedota, passando para o presente as formas verbais destacadas.

7 Nas duas trovinhas a seguir, faltam algumas formas verbais. Complete os versos com o verbo que está entre parênteses no tempo indicado. Quando terminar, leia as trovas completas.

Alegria eu não ______________
(**ter** — presente)

Tristeza comigo ______________
(**morar** — presente)

Quando eu tiver alegria,

______________ tristeza fora.
(**jogar** — futuro)

Ricardo Dantas/Arquivo da editora

Do céu ______________ um lencinho
(**cair** — passado)

Bordadinho de ABC
E nele estava escrito

"Como eu ______________ de você!"
(**gostar** — presente)

(*In*: Maria José Nóbrega e Rosane Pamplona (org.). *Diga um verso bem bonito*. São Paulo: Moderna, 2005.)

DE OLHO NA LEITURA E NA ESCRITA: EMPREGO DAS LETRAS G E J

Leia as seguintes palavras extraídas do texto da cartilha que você leu na abertura deste capítulo.

Ilustra Cartoon/Arquivo da editora

1 Observe os pares de palavras a seguir:

ajuda	—	alguma
legal	—	igrejas
desejo	—	amigo

a) Em cada par de palavras, pinte de **azul** as sílabas que contêm as letras **g** e **j** antes da mesma vogal.

b) Nessas sílabas, as letras **g** e **j** têm o mesmo som? ______________

2 Agora, observe estas palavras:

fugir	passageiro	hoje	embalagens

a) Pinte de **verde** as sílabas dessas palavras que contêm as letras **g** e **j**.

b) Nelas, as letras **g** e **j** têm o mesmo som?

____

c) Qual é o som dessas letras nas palavras lidas?

____

d) Leia novamente as palavras do quadro que aparece no início desta seção e encontre outras duas palavras que contêm a letra **g** e também têm esse som.

____

3 Observe as vogais que vêm depois da letra **g** pronunciada com o som "gê" e as vogais que vêm depois da letra **j** pronunciada com o som "gê". Responda:

a) Quando a letra **g** tem o som "gê"?

____

b) Quando a letra **j** tem o som "gê"?

____

4 Indique as palavras que aparecem no quadro do início desta seção e que fazem parte das seguintes famílias de palavras.

a) ajudante, ajudar: ______________________

b) desejado, desejável: ______________________

c) passagem, passageira: ______________________

d) amigável, amigado, amigão: ______________________

e) fuga, fugitivo: ______________________

BRINCANDO COM PALAVRAS

1 Considerando tudo que você já aprendeu nesta unidade, forme frases combinando como preferir os itens das diferentes colunas do quadro, conforme o exemplo.

A publicidade infantil	foi	prejudicial para as crianças.
		proibida em breve no Brasil.
	será	
		poupadas de anúncios abusivos.
	serão	
As crianças		enganada por um anúncio.
	precisa	o futuro do país.
		considerada abusiva.
	não entendem	
Os pais		pelos direitos dos filhos.
	é	
		contra os pais na justiça.
	são	contra as empresas na justiça.
As empresas		um mundo de imaginação.
	lutam	
		de proteção e carinho.
	lutarão	
		ser proibida.
Uma criança	lutaram	pelos próprios direitos.

Ilustra Cartoon/Arquivo da editora

Frases:

As crianças lutam pelos próprios direitos.

2 Forme dupla com um colega. Leiam as palavras ao lado e escrevam no caderno outras palavras que sejam da mesma família. Depois, comparem as listas que vocês fizeram. Ganha 10 pontos quem escrever uma palavra que o colega não escreveu e cada um ganha 5 pontos se os dois escreveram a mesma palavra.

Adolar/Arquivo da editora

3 Ordene as letras para formar o nome das figuras e escreva-o. Atenção: em todas as palavras está faltando uma letra, descubra se é o **g** ou o **j**.

a)  

b)  

Ilustrações: Hélio Senatore/ Arquivo da editora

c) 

____

d) 

____

e) 

____

f) 

____

Ilustrações: Hélio Senatore/Arquivo da editora

PRODUÇÃO DE TEXTO

O TEXTO DE CARTILHA

Releia estes trechos do pôster da cartilha que você leu na abertura deste capítulo:

Sabia que lanches mais saudáveis podem gerar menos lixo?

Será que podemos escolher nossos lanches de maneira mais saudável e que não deixe tanto lixo? Frutas, sucos naturais e sanduíches feitos em casa são uma boa opção para nossa saúde e para natureza. Uma boa ideia é tentar escolher nossos lanches não só pelos personagens que estão nas embalagens, mas pelas coisas boas que esses alimentos podem trazer para nossa saúde. Usar lancheiras ou potinhos também contribui para diminuir o lixo. Peça ajuda para seus pais!

Desligue os botões e entre em contato com a natureza.

Praias, bosques, trilhas, lagos, rios. Tudo isso existe em nossas vidas, mas parece esquecido. Que tal se passar por um detetive e redescobrir espaços ao ar livre para brincar? A curiosidade e a imaginação podem nos levar a lugares nunca antes experimentados ou vividos. Muitas vezes é preciso desligar os botões da tevê, da internet e dos jogos eletrônicos para descobrir novidades da natureza e de nossa imaginação.

Vamos tentar dar um final mais feliz para as embalagens?

Quase tudo que compramos hoje vem dentro de uma embalagem que pode ser caixa, garrafa, saquinho ou lata. E para onde vão todas essas caixas? Para o lixo! Agora, será que não podemos dar um destino mais feliz para elas? Claro! Uma ideia é separar as embalagens pelo seu material (plástico, vidro, papel e metal) antes de jogarmos no lixo, pois assim elas poderão ser recicladas e transformadas em coisas novas. Outra ideia é reutilizar as embalagens: caixas, por exemplo, podem ser úteis depois de vazias. Crie, invente, use de novo!

(Disponível em: https://www.akatu.org.br/wp-content/uploads/file/Publicacoes/12_10_31_Consumismo_infantil_contramao_sustentabilidade_Alana_MMA.pdf. Acesso em: 9/3/2021.)

1 Considerando tudo o que você já estudou até aqui, troque ideias com os colegas e o professor e deduza:

a) Para que serve uma cartilha?

- ◯ Para convidar os leitores a participar de um evento específico.
- ◯ Para contar uma história verdadeira sobre a vida de uma pessoa.
- ◯ Para orientar os leitores sobre o assunto de que ela trata.

b) Sublinhe no texto os trechos que confirmam que essa parte da cartilha se dirige ao público infantil.

Compare os títulos dos três trechos de texto selecionados para responder às questões 2 a 4:

I. Sabia que lanches mais saudáveis podem gerar menos lixo?

II. Desligue os botões e entre em contato com a natureza.

III. Vamos tentar dar um final mais feliz para as embalagens?

2 Converse com os colegas e o professor e indique em qual deles:

a) é feita uma proposta ao leitor para experimentar determinada atitude.

____

b) é dada uma ordem direta ao leitor.

____

c) uma informação é apresentada como curiosidade.

____

Phovoir/Shutterstock

3 Observe as formas verbais do título que dá uma ordem direta ao leitor.

a) Circule-as.

b) Encontre no texto do terceiro título formas verbais que também dão ordens diretas ao leitor. Copie-as.

____

____

4 Releia suas respostas à questão 2, junte-se a um colega e mudem a estrutura dessas frases, mantendo o conteúdo, de acordo com estas orientações:

a) Transformem o título que apresenta uma ordem direta em uma frase que faz uma proposta.

____

b) Transformem o título que apresenta uma curiosidade em uma frase que dá uma ordem direta.

____

c) Transformem o título que contém uma proposta em uma frase que apresenta uma curiosidade.

____

5 Releia este trecho:

> "Muitas vezes, é preciso desligar os botões da tevê, da internet e dos jogos eletrônicos para descobrir novidades da natureza e de nossa imaginação."

a) Qual ação é apontada como uma necessidade? E por que ela é considerada necessária?

____

____

____

b) Identifique a expressão que marca, no texto, que se trata de uma necessidade.

____

c) Responda oralmente: Você concorda que seja necessário realizar essa ação? Por quê?

6. Observe a linguagem do texto lido.

a) Ela utiliza uma variedade próxima da norma-padrão?

____

b) Discuta oralmente com os colegas e o professor: A linguagem da cartilha é mais formal ou mais informal?

7. Analise novamente cada uma das ilustrações do pôster e marque a alternativa que descreve o papel das imagens nessa cartilha:

◯ As imagens mostram crianças e adultos realizando atitudes não recomendadas pela cartilha, por isso todas contêm uma tarja vermelha.

◯ As imagens mostram crianças e adultos realizando as atitudes recomendadas pela cartilha.

8. Considerando seus estudos sobre o texto de cartilha feitos neste capítulo, reúna-se em grupo e, com a ajuda do professor, escreva algumas das características básicas do texto de cartilha.

____

____

____

____

____

____

____

AGORA É A SUA VEZ

Ao longo desta unidade, você e os colegas produziram vários textos para a **campanha sobre cidadania e consumo consciente**, direcionada ao público infantil. Para que a campanha de vocês tenha mais força, elaborem uma cartilha. Escolham ou adaptem um dos temas listados a seguir ou elejam outro que a turma prefira. Vocês podem também se dividir em grupos e cada grupo ficar responsável pela elaboração de um dos temas.

1. Cartilha sobre os direitos da criança.
2. Cartilha sobre os perigos do trabalho infantil.
3. Cartilha sobre como a criança pode contribuir para preservar o meio ambiente.

Jean Galvão/Arquivo da editora

PLANEJAMENTO DO TEXTO

Antes de escreverem a cartilha:

- Definam o número de páginas e o formato — se vocês vão usar um papel grande dobrado ou se a cartilha será um folheto pequeno.
- Tenham em mente seu público-alvo: crianças como vocês ou ainda menores.

- Deem um título à cartilha relacionado ao tema que ela aborda e que seja convidativo para o público, isto é, que faça com que o leitor tenha vontade de ler todo o texto.
- Pesquisem informações curtas e importantes sobre o assunto, que mostrem ao público-alvo que o tema merece atenção.
- Com as informações, deem dicas e sugestões que ajudem o público a resolver parte do(s) problema(s) abordado(s) na cartilha.
- Definam como pretendem redigir o texto: com ordens diretas, como um convite à reflexão, como sugestões ou misturando essas possibilidades.
- Façam desenhos que ilustrem e complementem as informações dadas pelo texto escrito.
- Escolham cores fortes e vivas, que chamem a atenção do público.

REVISÃO E REESCRITA

Antes de passarem a limpo o texto da cartilha, verifiquem:

- O formato escolhido está adequado ao contexto da campanha?
- A linguagem do texto está compatível com a idade do público-alvo?
- O título se relaciona com o tema abordado e está convidativo aos leitores, ou seja, as pessoas ficam curiosas e com vontade de ler todo o texto da cartilha?
- Há informações curtas e importantes sobre o assunto abordado?
- Há dicas, sugestões e propostas de ação que os leitores possam realizar a fim de contribuir para a resolução do(s) problema(s) abordado(s)?
- O texto está construído da forma como vocês planejaram, com ordens mais diretas ou na forma de propostas ou convites para o leitor?

- Os desenhos estão bonitos, coloridos e complementam o texto escrito que eles acompanham?
- As cores estão bonitas e combinando entre si?

Após fazerem a revisão, passem o texto da cartilha a limpo e guardem-no para ser divulgado no dia de lançamento da campanha.

DIVIRTA-SE

(Disponível em: http://www.juniao.com.br/chargecartum/charge_04_wifi_alana_72/. Acesso em: 10/2/2021.)

OFICINA DE CRIAÇÃO

PROJETO: CRIANÇAS CIDADÃS

Ao longo desta unidade, você e os colegas produziram tutoriais, cartas de reclamação e solicitação e cartilhas sobre temas relacionados aos direitos das crianças e ao consumo infantil. Agora, vamos reunir esse material para compor a campanha, que será realizada pela turma, e planejar um evento de lançamento, a fim de dar destaque ainda maior ao trabalho de vocês.

1. Escolhendo o nome da campanha

Escolham um nome para a campanha, considerando os principais assuntos abordados pelos textos produzidos por vocês ao longo da unidade. O título deve ser breve e convidativo, como "As crianças têm seus direitos!" ou outro que preferirem.

Giz de Cera/Arquivo da editora

2. Convidando o público

Convidem os alunos de outras turmas e a comunidade escolar para participar do lançamento da campanha e conhecer as causas nas quais vocês estão engajados. Façam cartazes e espalhem pela escola, enviem convites individuais para colegas, funcionários, professores e responsáveis ou, ainda, gravem um vídeo ou áudio para ser disponibilizado nos canais da escola.

3. Os tutoriais: sensibilizando o público para o tema

No dia do lançamento da campanha, providenciem um espaço no qual os convidados possam ter acesso aos tutoriais em vídeo para que aprendam a jogar e/ou confeccionar os jogos que vocês prepararam. Se possível, disponibilizem também materiais para quem quiser fazer o próprio jogo.

Esse momento é importante, pois, ao colocar os convidados em contato com o tema por meio de uma brincadeira, vocês envolvem o público e chamam a atenção dele para o assunto de forma leve e divertida.

Giz de Cera/Arquivo da editora

4. Espaço cidadão: reclamando nossos direitos

Cartas de reclamação

Montem painéis temáticos com as cartas de reclamação escritas por vocês, a fim de que os convidados percebam a força que uma boa argumentação pode ter na defesa dos direitos das crianças.

Rumo ao consumo consciente

Reúnam notas fiscais de produtos comprados por vocês e organizem um mural que ensine os alunos de outras turmas a encontrar informações importantes nesses textos, tais como: o nome da empresa, a data da compra, os valores dos itens comprados, o valor dos impostos, etc.

Giz de Cera/Arquivo da editora

Aproveitem para refletir com os convidados sobre o fato de que muitas vezes compramos por impulso, quase que por imposição da sociedade em que vivemos. Mostrem também as alternativas que existem de brincadeiras infantis, sem deixar de lado a diversão.

5. As cartilhas: o aprendizado e a ação social

Exponham as cartilhas produzidas pela turma para que o público possa conhecer os temas abordados por vocês. Se possível, façam cópias e distribuam aos convidados, a fim de que possam levar os ensinamentos das cartilhas para casa e compartilhar essas ações sociais com outras pessoas.

Giz de Cera/Arquivo da editora

UNIDADE 4

NÓS SOMOS A NATUREZA!

Você já deve ter ouvido falar sobre a importância de preservar a natureza, não é mesmo? Cuidar dos animais, jogar lixo somente em latas de lixo, não desperdiçar água. Mas você já se perguntou por quê? Nesta unidade, você vai fazer uma pesquisa sobre animais em extinção e preservação da natureza e descobrir como tudo isso afeta você e todos os outros seres humanos.

worldclassphoto/Shutterstock

Sergio Re Oli/Shutterstock

Laverne Nash/Shutterstock

meunierd/Shutterstock

Do alto de uma figueira
onde pouso para dormir
posso ver os vaga-lumes:
são milhares de pingos de luz
que tentam cobrir o escuro.
[...]

Sou construtor menor.
Os raminhos com que arrumo
as escoras do meu ninho
são mais firmes do que as paredes
dos grandes prédios do mundo. Ai ai!

Eu queria aprender
o idioma das árvores
Saber as canções do vento
nas folhas da tarde.
Eu queria apalpar os perfumes do sol.
[...]

(Manoel de Barros. *Cantigas por um passarinho à toa.* São Paulo: Companhia das Letrinhas, 2018. p. 6, 16 e 18.)

Roberto Weigand/Arquivo da editora

DIVIRTA-SE... E FIQUE POR DENTRO!

FILMES E VÍDEOS

- *WALL·E*, de Andrew Stanton (2008).
O filme se passa em um planeta Terra arrasado, entulhado de lixo. Nele vive um pequeno robô, chamado de Wall-E, que tem por missão compactar montanhas de lixo. Tendo apenas uma barata como companhia, o curioso robô coleciona objetos que encontra durante o trabalho; são eles que indicam que um dia houve vida no planeta. Uma moderna robô, Eva, chega para mudar a vida de Wall-E. Entre eles, nasce uma linda história de amor.

Reprodução/Pixar Animation Studios

- Assista também aos filmes: *O Lorax: em busca da trúfula perdida* (2012), de Chris Renaud e Kyle Balda; *Rio*, de Carlos Saldanha (2011); *Nausicaä do Vale do vento*, de Hayao Miyazaki (1985).

Reprodução/Sinlogo Animation

- Assista ao curta-metragem *Caminho dos gigantes*, de Alois di Leo, que mostra como uma menina indígena de 6 anos, que vive na Floresta Amazônica, aprende sobre o ciclo da vida e sobre a conexão dela com a natureza. Disponível em: https://www.youtube.com/watch?v=3aSnTTzfR1E.

SITES

- https://edukatu.org.br/
- https://www.greenpeace.org/brasil/
- https://www.wwf.org.br/
- https://mirim.org/pt-br

LIVROS

Vá à biblioteca da escola ou à biblioteca do bairro ou da cidade onde você mora e veja se os livros indicados a seguir estão disponíveis para empréstimo. Se não estiverem, selecione outros sobre o tema desta unidade.

Reprodução/Pulo do Gato

Reprodução/Editora Companhia das Letras

- *Um dia, um rio*, de Leo Cunha (Pulo do Gato). O livro apresenta as falas de um rio que perdeu a vocação, pois foi invadido pela lama da mineração. O rio lamenta seu destino, recordando o tempo em que era a fonte de vida de seu leito, de suas margens e das regiões por onde passava.
- Leia também: *Azul e lindo: planeta Terra, nossa casa*, de Ruth Rocha (Salamandra); *Se eu fosse uma árvore*, de Talita Nozomi (Gaivota); *O grande livro de ciências do manual do mundo* (Sextante); *Procura-se! Galeria de animais ameaçados de extinção*, vários autores (Companhia das Letrinhas); *O esconderijo das vontades*, de Jonas Ribeiro (Callis).

MÚSICAS

- Ouça o CD *As aventuras de Pauleco e Sandreca no Planeta Água*, de Palavra Cantada.
- Ouça também: "A ordem das árvores", de Tulipa Ruiz; "Pomar", de Palavra Cantada; "A natureza distraída", de Toquinho; "Planeta Água", de Guilherme Arantes; "Saiba", de Arnaldo Antunes, e "Oito anos", de Paula Toller e Dunga.

OFICINA DE CRIAÇÃO

PROJETO: DIVULGANDO A NATUREZA

Participe, com os colegas, da produção de uma revista de divulgação científica e da organização de um seminário da turma, em que vocês vão apresentar e registrar suas descobertas sobre o meio ambiente.

Filipe Rocha/Arquivo da editora

CAPÍTULO 1

O QUE RESTA DA FLORESTA? PRESERVAR É PRECISO!

LEITURA DE IMAGEM

Observe este cartum de Paulo Vilanova:

Paulo Vilanova/Acervo do cartunista

(Disponível em: https://www.facebook.com/salaodehumor.piracicaba/photos/1978041572257582. Acesso em: 11/3/2021.)

1 O cartum retrata um lugar. Que lugar é esse?

2 Observe os personagens.

a) Quantos são?

b) Levante hipóteses: Qual é a relação entre eles?

Paulo Vilanova/Acervo do cartunista

c) O que eles estão fazendo?

3 No cartum, há um contraste entre a parte colorida e a parte em preto e branco.

a) O que está em preto e branco?

b) O que está colorido?

c) Compare o tamanho dessas duas partes: Qual ocupa a maior parte da imagem?

4 Deduza: Por que a criança posa para uma fotografia ao lado de uma árvore nessa cidade?

____

____

____

5 O adulto está usando uma máscara, e a criança tem uma máscara nas mãos. Sabendo que o cartum é de 2018, portanto, anterior à pandemia do coronavírus, levante hipóteses e responda oralmente: Por que os dois têm máscaras?

6 Converse com a turma e responda oralmente: Qual é o significado do contraste entre os prédios, a rua, os postes de iluminação em preto e branco e a árvore e as pessoas coloridas?

TROCANDO IDEIAS

Pense na cidade onde você vive, nas ruas, nos espaços públicos. Depois, converse com os colegas sobre estas questões:

Deni Williams/Shutterstock

1 Como são as ruas da cidade onde você mora? São arborizadas? Há muitos prédios?

2 Há parques e praças com árvores onde você mora? Você costuma frequentar esses lugares?

3 Qual é a importância das árvores nas cidades? Se não souber responder, pesquise a respeito.

4 Como você se sente sob a sombra de uma árvore?

PRODUÇÃO DE TEXTO

O VERBETE DE ENCICLOPÉDIA

Leia este verbete de enciclopédia sobre a Floresta Amazônica:

- **Geografia**

A floresta amazônica

A maior parte da floresta amazônica está localizada no Brasil, mas se estende também para os territórios de países como Venezuela, Colômbia, Equador, Peru, Bolívia, Suriname e Guiana Francesa. É a mais vasta floresta tropical do planeta e é o ecossistema mais rico em biodiversidade do mundo.

Qual é o grande tesouro da Amazônia?

A região dessa imensa floresta pluvial, onde habitam cerca de 20 milhões de pessoas, é, sem dúvida, o tesouro da Amazônia. A sobrevivência de seu povo depende da floresta que, além de ter um papel muito importante para o ecossistema, oferece alimentos, abrigo e medicamentos às pessoas.

Caio Pedemeiras/Shutterstock

Quais animais povoam a Amazônia?

A floresta amazônica é, sem dúvida, o ambiente mais rico em espécies vivas de todo o planeta: nela há cerca de 20% das espécies de aves e 10% dos mamíferos do mundo. Acredita-se que muitos dos insetos ao longo da bacia do rio Amazonas são ainda desconhecidos, enquanto as águas do rio e de seus afluentes abrigam mais de 2.000 espécies de peixes.

Ondrej Prosicky/Shutterstock

Por que se chama Amazônia?

O explorador espanhol Francisco de Orellana, no final de sua viagem pela Amazônia, em 1542, conheceu uma tribo de mulheres guerreiras que viviam em torno do rio, que Orellana chamou de rio das Amazonas, porque as mulheres guerreiras que ali viviam se assemelhavam às antigas Amazonas da Ásia e da África.

Existem grandes cidades na Amazônia?

Após a colonização e o desmatamento dos últimos anos, a densidade da população na Amazônia aumentou um pouco. As cidades de Belém e Manaus, no Brasil, e Santa Cruz de la Sierra, na Bolívia, são as únicas verdadeiras metrópoles amazônicas, com população que supera 1,5 milhão de habitantes.

Por que é tão importante proteger a Amazônia?

É importante para evitar a perda de biodiversidade que povoa seus delicados ecossistemas de plantas e animais quanto para o fluxo, na atmosfera, dos gases de efeito estufa.

Mas quanto a Amazônia é extensa?

Fonte: *Minha primeira enciclopédia.*

Para ter uma ideia precisa da extensão da Amazônia é necessário imaginar uma área tão grande quanto toda a Europa Centro-Ocidental: a Amazônia corresponde à soma dos territórios de Bélgica, Alemanha, República Tcheca, Eslováquia, França, Países Baixos, Espanha, Portugal, Albânia, Áustria, Bósnia, Inglaterra, Suíça e Itália. A extensão da área total ultrapassa os 7.000.000 de km².

Rio da Amazônia

O rio Amazonas, que passa pelo Peru, Colômbia e Brasil e desemboca no Oceano Atlântico, **é o maior rio do mundo em termos de volume de água** e bacia hidrográfica: cerca de 10.000 rios fluem para ele, dos quais 18 excedem o comprimento de 1.000 km. Seu curso varia muito, dependendo das estações e das chuvas.

Watch The World/Shutterstock

(Laura Aceti e Marco Scuderi (org.). *Minha primeira enciclopédia*. São Paulo: Lafonte, 2018. p. 4-5.)

1 O texto que você leu é um **verbete de enciclopédia**. Os verbetes sempre começam com um termo de entrada (palavra, expressão, conceito). Qual é o termo de entrada desse verbete?

____

2 Algumas enciclopédias abordam vários assuntos organizados em ordem alfabética, outras são temáticas e só apresentam definições de termos e expressões relacionados a uma área de conhecimento ou tema específicos. Observe o índice da enciclopédia de onde o verbete lido foi retirado:

ÍNDICE

a) De que tipo de enciclopédia o verbete lido foi retirado: de uma enciclopédia geral ou temática?

____

b) Qual é a área de conhecimento do verbete lido?

____

3 Leia a fonte do verbete e responda: Qual é o público-alvo desse verbete?

____

____

4 O texto introdutório, logo abaixo do termo de entrada, informa o leitor sobre três características da Floresta Amazônica.

a) Onde se localiza a maior parte da floresta?

____

b) Quando comparada a outras florestas tropicais, qual é a principal característica da Floresta Amazônica?

____

5 O texto informa que a Floresta Amazônica é o "ecossistema mais rico em biodiversidade do mundo".

a) Responda oralmente: Você sabe o que é **ecossistema**? E **biodiversidade**?

b) Leia os significados dos prefixos **eco-** e **bio-**:

- **eco-**: meio ambiente, *habitat*.
- **bio-**: vida.

Com base neles, responda: Qual é o significado de **ecossistema** e **biodiversidade**? Se necessário, procure as duas palavras em um dicionário.

____

____

____

____

____

6 O verbete lido está organizado em seis subtítulos, todos destacados na cor verde.

a) Circule, no texto, os seis subtítulos.

b) O que há em comum nas estruturas das frases que compõem esses subtítulos?

____

____

atm2003 /Shutterstock

c) Além dos seis subtítulos, há um boxe complementar. Do que ele trata?

____

7 Sobre as espécies de animais que vivem na Amazônia, responda:

a) Há muitas ou poucas espécies de animais na região?

____

b) Todas as espécies de animais da região são conhecidas?

____

____

c) Quantas espécies de peixes há na região?

____

8 A Amazônia é formada apenas por floresta? Justifique sua resposta com informações do texto.

____

____

9 O tamanho da Amazônia é comparado ao tamanho de vários países da Europa.

a) A área da Floresta Amazônica equivale ao tamanho de quantos países?

____

b) Você já visualizou, no mapa, as áreas da Amazônia e do continente europeu? Observe um mapa-múndi, localize essas duas áreas e compare as dimensões delas.

10 Além de ser o bioma mais rico do mundo, a Amazônia apresenta outro recorde. Qual é ele?

- ◯ Apresenta o maior pico do mundo.
- ◯ Apresenta a maior árvore do mundo.
- ◯ Apresenta o maior rio do mundo.

11 O verbete lido contém informações sobre a Amazônia. Essas informações são:

- ◯ vagas e abertas, sem definir quantidades, regiões e características da floresta.
- ◯ precisas, com números, quantidades, nomes de países, Estados e cidades, com datas e outras informações exatas.

12 Como é a linguagem do verbete de enciclopédia?

- ◯ De acordo com a norma-padrão e com o emprego de alguns termos técnicos (ecossistema, pluvial, bacia hidrográfica).
- ◯ Cotidiana, semelhante à linguagem utilizada em conversas informais, sem nenhum termo técnico ou especializado.

13 O verbete de enciclopédia apresenta imagens relacionadas ao assunto tratado? Se sim, que função elas desempenham no texto?

____

____

14 Agora que você já sabe o que é um verbete, responda: Qual é a principal finalidade do verbete de enciclopédia? Marque as respostas corretas.

- ◯ Explicar o que é ou descrever alguma coisa.
- ◯ Contar uma história imaginada, cheia de personagens inventados.
- ◯ Transmitir informações científicas sobre algum assunto.
- ◯ Relatar acontecimentos recentes.

15 Considerando os estudos feitos neste capítulo, reúnam-se em grupo e, com a ajuda do professor, escrevam algumas características do verbete de enciclopédia.

____

____

____

____

____

____

AGORA É A SUA VEZ

Ao final desta unidade, você e os colegas vão produzir uma revista de divulgação científica sobre o meio ambiente. Nessa revista, vocês vão anexar uma pequena enciclopédia ilustrada sobre esse tema ou disponibilizar aos leitores um *link* para uma enciclopédia virtual.

Para isso, produzam verbetes de enciclopédia sobre a Amazônia. Vejam algumas sugestões:

- Insetos da Amazônia
- Peixes da Amazônia
- Pássaros da Amazônia
- Mamíferos da Amazônia
- Plantas medicinais da Amazônia
- Árvores da Amazônia
- Povos da Amazônia
- Cidades da Amazônia
- Clima da Amazônia

Giz de Cera/Arquivo da editora

PLANEJAMENTO DO TEXTO

- Organizem-se em grupos. Cada integrante deve ficar responsável por um tema relacionado à Amazônia.
- Pesquisem em jornais, revistas, *sites*, livros de Geografia e Ciências o termo, a palavra ou a expressão de entrada do verbete: o nome de um animal, de uma árvore ou de um rio, por exemplo.
- Anotem as possíveis definições, origem, história, exemplos e algumas curiosidades.

- Se houver imagens, mapas, gráficos ou outros recursos relacionados façam cópias e anotem as fontes. Vocês podem também produzir as próprias imagens desenhando ou fazendo colagens.
- Planejem o texto, tendo em vista o público-alvo: outras crianças, mais velhas ou mais novas que vocês, que vão ler a revista de divulgação científica da turma.
- Com base nas informações pesquisadas, escrevam o verbete. Sigam algumas características do verbete que vocês estudaram neste capítulo: termo de entrada em destaque, definição, desenvolvimento do verbete com informações complementares e relacionadas ao tema principal.
- Organizem o texto em perguntas diretas, como foi feito no verbete lido, com subtítulos, imagens e boxes complementares.
- Diagramem o texto em parágrafos. Se quiserem, disponham o texto em colunas.
- Cada membro do grupo pode escrever uma parte e sugerir alterações nas partes escritas pelos colegas.
- Empreguem linguagem simples, clara e objetiva.

Giz de Cera/Arquivo da editora

REVISÃO E REESCRITA

Após terminarem a primeira versão dos verbetes, revisem cada um deles, observando:

- O termo de entrada indica de forma direta sobre o que trata o verbete?
- O termo de entrada está em destaque?
- A linguagem empregada está clara e objetiva, adequada ao público-alvo e de acordo com a norma-padrão?
- O texto está organizado em parágrafos, com subtítulos e boxes, quando necessário?
- Há informações complementares, como origem, história, exemplos, marcos importantes?
- Há ilustrações que complementam as informações?

Troquem os verbetes entre os grupos para que os colegas possam revisar e sugerir mudanças pertinentes. Passem a limpo ou digitalizem o texto. Guardem a versão final dos verbetes para montar a revista na **Oficina de criação**, ao final desta unidade.

DIVIRTA-SE

© Armandinho, de Alexandre Beck/Acervo do cartunista

CAPÍTULO 2

FOGO NA FLORESTA!

LEITURA

TEXTO 1

Queimadas, incêndios... é fogo!

[...] Os incêndios florestais e as queimadas ocorrem todos os anos em nosso país, mas você sabe qual a diferença entre eles? Será que o fogo é sempre inimigo do meio ambiente? Vamos saber mais sobre esse assunto, que é quente!

Incêndios e queimadas têm relação direta com o fogo. E para que haja fogo é preciso três ingredientes: o combustível (que é o material que vai pegar fogo), o comburente (geralmente é o oxigênio do ar, que alimenta o fogo) e a ignição ou o gatilho (que é o que inicia o processo). Se faltar um desses ingredientes, não há fogo.

Tatsiana Hendzel/Shutterstock

Mas como identificar os ingredientes do fogo nos incêndios florestais e nas queimadas pelo Brasil? Fácil! O combustível, que é o que vai queimar, a vegetação. O comburente, que é o que alimenta o fogo, é o oxigênio do ar somado às condições meteorológicas (altas temperaturas, baixa umidade, ventos fortes e falta de chuva).

Finalmente, o terceiro ingrediente, o tal gatilho que inicia o fogo, é a ação humana. Os cientistas costumam chamar esse trio (vegetação + clima + ação humana) de triângulo do fogo. Juntou os três, temos um incêndio florestal.

De onde vem a faísca?

O fogo provocado pela ação humana pode acontecer por vários meios: acidentes causados por faíscas de automóveis, rompimento de redes elétricas, balões que caem na mata ou por pontas de cigarro descartadas, ainda acesas, na vegetação seca. Há ainda causas criminosas, ou seja, quando alguém ateia fogo de propósito para devastar a vegetação, contando com a impunidade, ou seja, que nenhuma autoridade lhe dará uma punição.

Mas nem sempre os humanos são culpados. Algumas vezes, o fogo na vegetação acontece de maneira natural, com raios, por exemplo. Essas descargas atmosféricas que atingem o solo podem gerar incêndios florestais. Isso normalmente ocorre nas estações do ano mais úmidas, quando a vegetação não está tão seca e, por isso, as proporções dos incêndios não são tão grandes. Durante a época seca existe pouca ocorrência de raios — afinal de contas, para ter raios é preciso ter nuvens capazes de gerar as descargas atmosféricas. Pode-se concluir que, na época de poucas nuvens, praticamente todos os incêndios florestais são causados pela atividade humana.

Tradição de queimadas

O fogo das queimadas é uma prática tradicional, cultivada por alguns agricultores, destinada à limpeza do terreno para o cultivo de plantações ou formação de pastos. Neste caso, as queimadas são feitas de maneira controlada.

Nas queimadas controladas, muitas plantas e organismos vivos se beneficiam, principalmente espécies do Cerrado e do Pantanal, que precisaram do fogo para se desenvolverem. Essa vegetação se adaptou à ocorrência das queimadas ao longo de sua evolução. O fogo, neste caso, funciona como um estimulante: as sementes ficam aguardando um sinal para nascerem, e o fogo faz com que elas germinem logo, porque o calor rompe aquela "casquinha" chamada testa da semente, facilitando a entrada de água, que é essencial para a planta brotar.

Acontece que, às vezes, essas queimadas saem do controle e se transformam em... incêndios!

O lugar do fogo

No Brasil, o fogo ocorre todos os anos em praticamente todos os biomas, desde a floresta amazônica até o Cerrado. Quando o fogo é de grandes proporções, destrói as plantas e os animais, empobrece o solo, polui o ar e a água, além de provocar mortes de pessoas, acidentes e perdas de casas.

[...]

Excluir o fogo dos biomas adaptados a ele não é totalmente correto. Nas regiões que são dependentes dele, o fogo precisa ser manejado com controle. Porém, a atividade humana ao longo das últimas décadas vem alterando o regime de fogo natural que esses biomas conhecem. A falta de equilíbrio no uso do fogo leva a grandes impactos no ecossistema.

PARALAXIS/Shutterstock

O ciclo do fogo

O fogo na floresta preocupa. Funciona como um ciclo com consequências nocivas para a Terra: mais queimadas e incêndios florestais levam ao aumento do efeito estufa, que eleva a temperatura do planeta. Por sua vez, com um clima mais quente e seco, a vegetação fica mais sensível ao fogo, o que pode levar a condições favoráveis a mais incêndios florestais.

É preciso romper este ciclo. O uso do fogo na hora certa e nos ambientes que necessitam das chamas para seu equilíbrio é essencial. Mas a proteção para que não ocorram incêndios em ambientes sensíveis como florestas, em proporções gigantescas, é indispensável. Isso só se consegue com informação.

Efeito fuligem

Se por um lado o clima influencia no fogo, por outro lado o fogo também interfere no clima. Há uma modificação da paisagem provocada pela fumaça. O fogo na floresta ainda altera o ciclo da água, porque acelera a evaporação e a formação de nuvens. Além disso, as queimadas e os incêndios florestais emitem toneladas de poluentes para a atmosfera e pioram o efeito estufa. Um dos ingredientes dessa poluição são as minúsculas partículas de material queimado que são jogadas no ar e que respiramos. Essa fuligem tem a capacidade de gerar muitos problemas de saúde, principalmente em crianças e idosos.

Renata Libonati
Departamento de Meteorologia
Universidade Federal do Rio de Janeiro
Letícia Couto Garcia
Instituto de Biociências Universidade Federal do Mato Grosso do Sul

(*Ciência Hoje das Crianças*, 317. ed., dez. 2020.)

TEXTO 2

Queimadas registradas no Amazonas entre janeiro e fevereiro

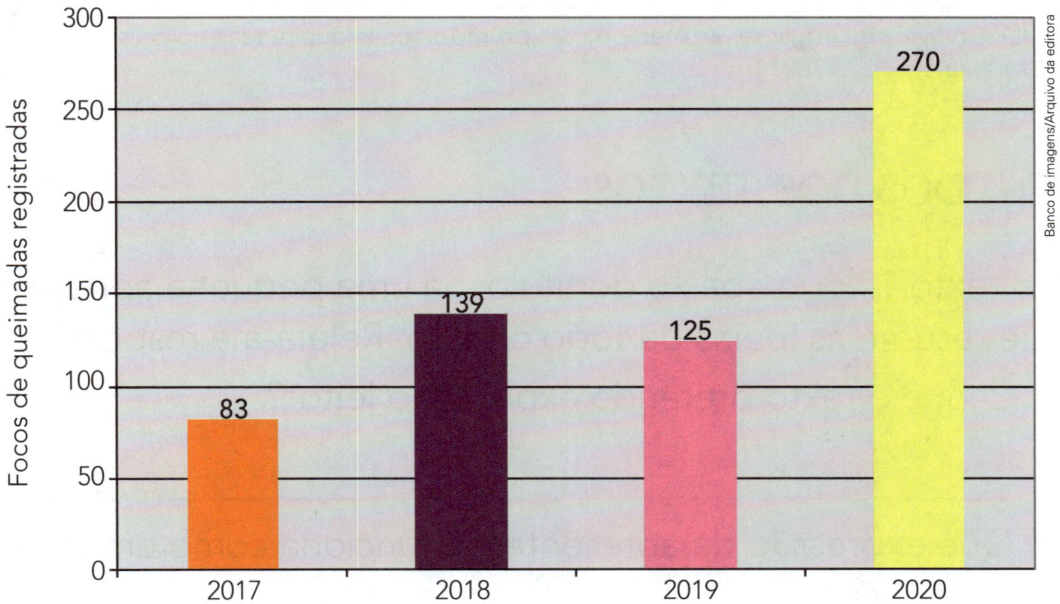

Fonte: INPE.
(Disponível em: https://amazonia.org.br/2020/03/numero-de-queimadas-nos-dois-primeiros-meses-de-2020-e-maior-dos-ultimos-3-anos/. Acesso em: 12/3/2021.)

TEXTO 3

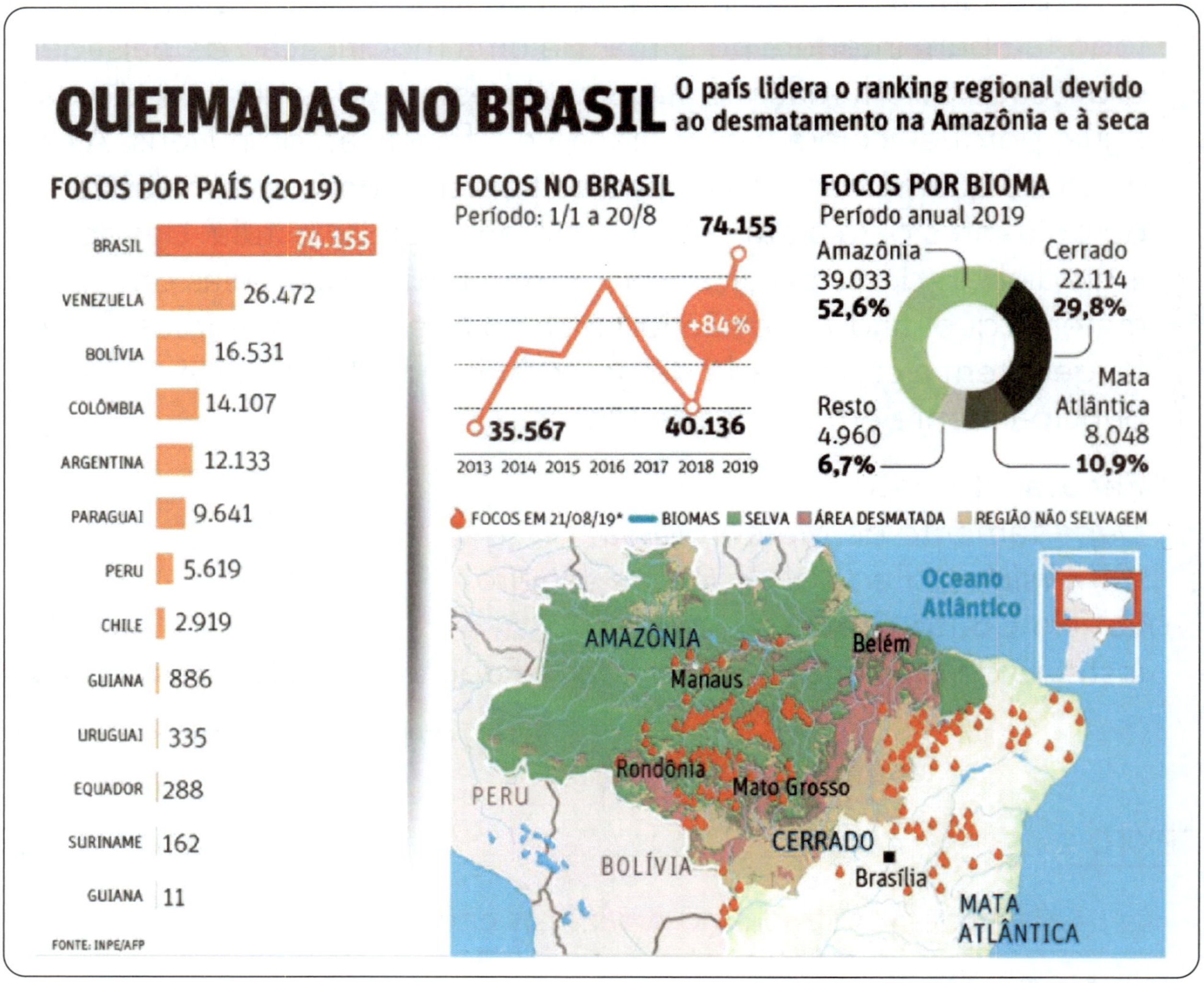

Editoria Arte/O Tempo

(Disponível em: https://www.otempo.com.br/infograficos/queimadas-no-brasil-1.2225999. Acesso em: 12/3/2021.)

OS SENTIDOS DOS TEXTOS

1 No texto 1, logo abaixo do título, há uma pequena apresentação, que resume as ideias de todo o texto. Releia-a e responda:

a) O que o texto pretende explicar ao leitor?

____

b) Que expressão da apresentação funciona como um convite ao leitor?

____

c) Na frase "Vamos saber mais sobre esse assunto, que é quente!", a expressão "é quente" apresenta dois sentidos. Quais são eles?

____

____

2. De acordo com o texto, para que haja fogo, são necessárias três coisas. Marque-as.

- ◯ O combustível, ou seja, a matéria que se queima.
- ◯ O fogo, que é o responsável pelo incêndio.
- ◯ O comburente, isto é, o que reage com o combustível para dar início ao fogo.
- ◯ As folhas das árvores, que correspondem à matéria queimada.
- ◯ A ignição ou o gatilho, que é o estopim do fogo.

3. A respeito do gatilho ou faísca que dá início ao fogo, responda:

a) Quem geralmente é responsável pela produção da faísca?

____

b) De que forma essa faísca acontece?

____

____

____

____

c) Em que circunstância o fogo não é fruto da ação humana?

____

4 O texto faz distinção entre queimada e incêndio.

a) Qual é a diferença entre eles?

____

____

____

____

b) De acordo com o texto, o fogo é sempre prejudicial à natureza? Justifique sua resposta.

____

____

____

c) Com que finalidade as pessoas fazem queimadas controladas?

____

____

____

d) Que prejuízos uma queimada sem controle pode trazer ao meio ambiente?

____

____

____

____

5 O texto associa as queimadas ao efeito estufa. Leia o boxe "O que é o efeito estufa?" e explique por que as queimadas contribuem para o aquecimento do nosso planeta.

____

____

____

____

____

____

____

O QUE É O EFEITO ESTUFA?

É um fenômeno natural que ocorre porque alguns tipos de gases se juntam ao vapor de água, formando uma camada que aprisiona parte do calor do Sol na atmosfera. Se não fossem esses gases, a Terra seria um ambiente gelado, com temperatura média de –17° C, e não haveria tantas espécies em nosso planeta.
Porém, com o aumento da poluição, verificado no último século, e de queimadas sem controle, o acúmulo de gases aumentou, provocando o **aquecimento global**, que é uma grave ameaça ao meio ambiente, pois provoca desastres ambientais, como derretimento de geleiras, enchentes, secas, etc.

Ziablik/Shutterstock

6 Além de contribuir para o aquecimento global, as queimadas sem controle também podem causar prejuízos ao clima, às águas e à saúde da população.

a) De que modo elas interferem no clima?

____

____

b) Por que interferem no ciclo das águas?

____

____

c) De que forma prejudicam a saúde da população?

7 Releia o gráfico "Queimadas registradas no Amazonas entre janeiro e fevereiro", que mostra o número de queimadas ocorridas durante o período de 2017 a 2020.

a) Em qual desses quatro anos o número de queimadas foi menor? E maior?

b) O que essa variação mostra sobre as queimadas no Estado do Amazonas?

8 Observe duas fotografias, uma do Cerrado e outra da Floresta Amazônica:

Herbert Villar/Shutterstock

Cerrado.

Fotos593/Shutterstock

Floresta Amazônica.

Agora, releia o seguinte trecho do texto 1:

> "Nas queimadas controladas, muitas plantas e organismos vivos se beneficiam, principalmente espécies do Cerrado e do Pantanal, que precisaram do fogo para se desenvolverem."

Considerando que o Estado do Amazonas tem uma vegetação de floresta, e não de cerrado, pode-se dizer que as queimadas nesse ambiente são bem-vindas? Por quê?

____

Releia o infográfico "Queimadas no Brasil" e responda às questões 9 a 11.

9 O texto mostra as queimadas ocorridas em 2019, em toda a América do Sul. Dos países sul-americanos:

a) Qual deles apresentou o menor número de queimadas?

____

b) E qual apresentou o maior número de queimadas?

____

10 Esse infográfico mostra as duas principais causas das queimadas. Quais são elas?

____

11 Observe a parte intitulada "Foco por bioma". Dos quatro biomas apontados:

a) Qual foi o mais afetado em 2019?

____

b) E qual foi o segundo mais afetado?

____

12 Compare o texto 1 aos textos 2 e 3 e marque as afirmativas corretas:

( ) O gráfico e o infográfico confirmam a preocupação com os incêndios e as queimadas, manifestada pelo texto 1.

( ) Os três textos manifestam preocupação com o meio ambiente em toda a América Latina, já que o aumento de incêndios e queimadas é um fenômeno global.

( ) Os três textos coincidem quanto ao aumento de incêndios e queimadas sem controle no Brasil.

A LINGUAGEM DO TEXTO

1 Releia o título do texto 1: "Queimadas, incêndios... É fogo!".

a) Que sentido tem o emprego da vírgula e das reticências nessa frase?

____

____

____

____

____

b) E que sentido expressa o ponto de exclamação nesse contexto?

____

____

____

2 Releia esta frase do texto:

> "O fogo na floresta preocupa. Funciona como um ciclo com consequências nocivas para a Terra [...]"

O sentido da palavra **nocivas**, no contexto, é:

- ( ) inocentes.
- ( ) positivas.
- ( ) prejudiciais.
- ( ) ambientais.

3 Observe que, no texto 1, foram empregados vários pontos de interrogação, como:

- "Será que o fogo é sempre inimigo do meio ambiente?"
- "Mas como identificar os ingredientes do fogo nos incêndios florestais e nas queimadas pelo Brasil?"
- "De onde vem a faísca?"

Quando as autoras do texto fazem essas perguntas, elas esperam uma resposta do leitor ou essas perguntas cumprem outra função? Neste caso, qual?

____

____

____

DE OLHO NA ORALIDADE: DEBATENDO QUEIMADAS E INCÊNDIOS FLORESTAIS NO BRASIL

Forme uma roda com os colegas da turma e debatam as questões a seguir, ou outras que queiram incluir na discussão.

1 Se as queimadas sem controle e os incêndios são prejudiciais ao meio ambiente, o que explica a iniciativa de pessoas que provocam incêndios criminosos nas matas e florestas?

Toa55/Shutterstock

2 Releia este trecho do texto 1:

> "O uso do fogo na hora certa e nos ambientes que necessitam das chamas para seu equilíbrio é essencial. Mas a proteção para que não ocorram incêndios em ambientes sensíveis como florestas, em proporções gigantescas, é indispensável. Isso só se consegue com informação."

Por que, segundo o texto, a **informação** é a única forma de fazer uso do fogo de modo controlado?

REFLEXÃO SOBRE A LINGUAGEM

SINÔNIMOS E ANTÔNIMOS

Na questão 2 da seção **A linguagem do texto**, você identificou o sentido da palavra **nocivas**. Em muitas situações, quando estamos lendo um texto, é possível depreender o sentido de uma palavra pelo contexto, isto é, pelo assunto e pelo conjunto de palavras e frases nos quais a palavra é empregada. Mas, às vezes, isso não é possível e, nesse caso, precisamos consultar o dicionário.

1 Responda: Para consultar o sentido da palavra **nocivas** no dicionário, que palavra se deve procurar? Por quê?

2 Observe esta página de um dicionário e localize a palavra **nocivo**:

noção [no.ção] [pl.:-*ões*] ***s. f.*** **1** conhecimento imediato; consciência *<n. de cidadania>* **2** ideia que se tem sobre algo *<não tem n. de como dirigir um carro>* **3** ponto de vista, ideia *<sua n. de favor é muito particular>* ~ **nocional** *adj.2g.*

nocaute [no.cau.te] ***s. m.*** **1** ESP no boxe, fim de luta quando um dos lutadores permanece caído por, no mínimo, dez segundos **2** *p.ext.* derrota fragorosa; surra ~ **nocautear** *v. t. d.*

nocividade [no.ci.vi.da.de] ***s. f.*** característica do que é nocivo

nocivo [no.ci.vo] ***adj.*** que causa dano, prejudicial

noctâmbulo [noc.tâm.bu.lo] ***adj. s. m.*** **1** sonâmbulo **2** (o) que vaga à noite ~ **noctambulismo** *s.m.*

noctívago [noc.tí.va.go] ***adj. s. m.*** → ***NOTÍVAGO***

nodo [no.do] /ó/ ***s. m.*** **1** ANAT gânglio **2** MED tumor duro, em volta de articulação óssea

nódoa [nó.doa] ***s. f.*** **1** pequeno sinal de cor diferente numa superfície de cor uniforme; mancha *<está com uma n. de vinho na camisa>* **2** *fig.* ação ou fato desonroso e que prejudica a reputação de uma pessoa; mácula

nodoso [no.do.so] /ô/ [pl. e fem.: /ó/ ***adj.*** que possui nós *<dedos n.>* *<caule n.>*

nódulo [nó.du.lo] ***s. m.*** **1** ANAT pequeno nodo; gânglio **2** pequeno nó ~ **nodular** *adj. 2g.* – **noduloso** *adj.*

(*Minidicionário Houaiss da língua portuguesa*. São Paulo: Moderna, 2015. p. 668.)

a) Responda oralmente: Por que a palavra **nocivo** se situa entre **nocividade** e **noctâmbulo**?

b) O que indica a reprodução da palavra desta forma: **[no.ci.vo]**?

____

c) Qual é o sentido da abreviatura ***adj.***?

____

d) O dicionário apresenta dois sentidos para a palavra **nocivo**: "que causa dano" e "prejudicial". Esses termos poderiam substituir a palavra **nocivas** no trecho "O fogo na floresta preocupa. Funciona como um ciclo com consequências **nocivas** para a Terra"?

____

e) Que outro adjetivo, relacionado à definição "que causa dano", também poderia substituir **nocivas**?

____

Quando duas palavras têm sentidos semelhantes, de modo que uma pode ser empregada no lugar da outra, dizemos que são **sinônimas** entre si.

Exemplo: **nocivo**, **prejudicial**.

3 Suponha que, no trecho "O fogo na floresta preocupa. Funciona como um ciclo com consequências **nocivas** para a Terra", as autoras quisessem fazer uma construção negativa, empregando uma palavra que tivesse o sentido oposto ao de **nocivas**. Qual poderia ser? Complete adequadamente:

"O fogo na floresta preocupa. Funciona como um ciclo com consequências que não são

____

para a Terra."

Quando duas palavras têm sentidos contrários, dizemos que são **antônimas** entre si.

Exemplo: **nocivo** ⟶ **benéfico**.

Leia estes versos do poeta português José Jorge Letria:

As palavras podem ser
leves e alegres ou graves e tristes,
e ir da colorida gargalhada
até ao choro em que insistes
Quando acordas de madrugada
com o fel de um pesadelo
a deixar a noite estragada.

(*Brincar com as palavras*. São Paulo: Peirópolis, 2012.)

Filipe Rocha/Arquivo da editora

4 O poeta trabalha com palavras que, no poema, apresentam sentidos contrários. Copie a palavra do texto que tem o sentido contrário de:

a) leves: ____________

c) gargalhada: ____________

b) alegres: ____________

5 Que sinônimo poderia substituir a palavra **fel** em "com o fel de um pesadelo", mantendo o sentido original do texto?

Se necessário, procure em um dicionário. ____________

Leia este verbete de curiosidade para responder às questões 6 a 9.

Por que a água do mar é salgada?

Durante milhões de anos, a chuva formou cursos de água que iam dissolvendo lentamente rochas de todos os períodos geológicos, nas quais o sal comum é encontrado em abundância. Esses cursos de água desembocavam no mar. Como todos os rios correm para o mar, ele fica com quase todo o sal. Os rios são doces por terem pouco sal.

Zeljko Radojko/Shutterstock

(Marcelo Duarte. *O guia dos curiosos*. São Paulo: Panda Books, 2015. p. 414.)

6 De acordo com o texto, de onde vem o sal que se depositou no mar?

____

7 O texto apresenta dois substantivos que são antônimos entre si. Quais são eles?

____

8 Dê o antônimo destas outras palavras do texto:

a) lentamente: ______________________

b) comum: ______________________

c) pouco: ______________________

9 Dê o sinônimo das palavras:

a) lentamente: ______________________

b) comum: ______________________

c) abundância: ______________________

10 Em português, muitos antônimos são formados com o acréscimo da partícula (prefixo) **in(m)-**, que tem o sentido de **negação** ou **falta**. Forme antônimos com as palavras a seguir, acrescentando a partícula **in(m)-**. Fique atento(a) à ortografia no momento de fazer a junção.

a) possível: ______________________

b) hábil: ______________________

c) adequado: ______________________

d) capacidade: ______________________

e) oportuno: ______________________

f) humano: ______________________

DE OLHO NA LEITURA E NA ESCRITA: EMPREGO DE -ÇÃO, -SÃO E -SSÃO

Leia este poema:

HEM ou HEIN?

Alguns dizem HEIN, outros HEM
e até HUM.
Vêm com exclamação,
interrogação,
reticências
ou cabem estas pontuações juntas.
Quem quiser afirmar,
pode até pôr vírgula.
A escrita não vai mesmo mostrar
os sentimentos da fala.
Mas mostra um certo fingimento,
um modo de expressar que não
entendeu.
São palavrinhas que cabem em
toda fala, mas os dicionários
sofrem pra explicá-las.

Jean Galvão/Arquivo da editora

(Elias José. *Pequeno dicionário político-humorístico*. São Paulo: Paulinas, 2006. p. 42.)

1 O poema comenta o uso de algumas **interjeições** da língua portuguesa. Interjeições são palavras que expressam emoção ou sensação, como **Ai!** (dor), **Oh!** (espanto), **Oba!** (alegria), etc.

a) Quais são as interjeições comentadas no poema?

____

____

b) Imagine situações em que essas interjeições sejam empregadas. Depois, conclua: O que elas expressam? Dê exemplos.

c) Segundo o poema, que sinais de pontuação podem acompanhar essas interjeições?

2 De acordo com o poema, "A escrita não vai mesmo mostrar os sentimentos da fala". Troque ideias com os colegas: Você concorda com o autor? A fala é mais rica de sentidos do que a escrita? Por quê?

3 Observe estas palavras:

exclamação **interrogação**

A última sílaba das duas palavras é **ção**. Veja como essas palavras se formaram:

exclamar + ção = exclamação

interrogar + ção = interrogação

Jean Galvão/Arquivo da editora

a) Forme palavras, terminadas com o mesmo som, a partir de:

afirmar	pretender	explicar	expressar
imprimir	compreender	falar	reprimir

____

____

____

b) Das palavras formadas, quais terminam em **-ção**?

____

c) Das palavras formadas, quais terminam em **-são** ou **-ssão**?

____

____

____

Veja por que há palavras terminadas em **-ÇÃO**, **-SÃO** e **-SSÃO**:

- **Palavras terminadas em -ÇÃO**: são substantivos formados a partir de verbos: exclamar → exclamação; afirmar → afirmação; inaugurar → inauguração
- **Palavras terminadas em -SÃO**: são substantivos formados a partir de verbos que apresentam na terminação as letras **nd**: pretender → pretensão; compreender → compreensão
- **Palavras terminadas em -SSÃO**: são substantivos formados a partir de verbos terminados em **primir** ou **mitir**: imprimir → impressão; comprimir → compressão; exprimir → expressão; transmitir → transmissão

4 Escreva, no texto a seguir, os substantivos que se formam a partir dos verbos indicados entre parênteses. Para formar os substantivos, empregue no final **-ção**, **-são** ou **-ssão**. Depois, leia o poema completo.

Regras e restrições

Uma breve ______________ (instruir)
Sobre a insatisfação:

Por ______________ (variar)

Nas ______________ (ocupar),

______________ (Suspender)

Da ______________ (obrigar),

______________ (Combinar)

De ______________ (recrear),

______________ (Discutir)
Da situação,

______________ (Adaptar)
à própria condição

______________ (Convocar)

De amigos e relações,

______________ (Evitar)

De ______________ (amputar),

______________ (Permutar)

De ______________ (conversar)
E séria reflexão
Você evita a insatisfação.
[...]

(Lewis Carroll. *Rimas do País das Maravilhas*. 5. ed. Tradução de José Paulo Paes. São Paulo: Ática, 2000.)

Ilustrações: Ilustra Cartoon/Arquivo da editora

BRINCANDO COM PALAVRAS

1 **Desafio:** Você já conhece o sentido da palavra **nocivo**. Mas qual seria o antônimo dela, criado a partir da partícula **in(m)-**? Forme um grupo com alguns colegas e tentem descobrir o antônimo dessa palavra. Dica: É diferente do que você pode imaginar pela lógica.

Ilustra Cartoon/Arquivo da editora

____

2 Adivinhe qual é a palavra. Complete as palavras abaixo. Depois, observe as dicas e dê a resposta.

COMPREEN____ÃO PROMO____ÃO INFEC____ÃO

PRETEN____ÃO PROIBI____ÃO

OP____ÃO PRES____ÃO

Dicas:

- Tem três sílabas.
- Tem nove letras.
- Não tem cedilha.
- Tem cinco consoantes.

____

3 E agora? Qual é a palavra? Complete as palavras abaixo. Depois, observe as dicas e dê a resposta.

BÊN____ÃO SELE____ÃO MI____ÃO

ATRA____ÃO CONFI____ÃO

OBSERVA____ÃO SENSA____ÃO

Dicas:

- Começa com consoante.
- Repete uma consoante.
- Tem cedilha e também a letra S.
- Tem três sílabas.

____

4 Dividam a turma em grupos de três ou quatro alunos e fechem o livro. Em sentido horário, o professor vai ler uma palavra para cada grupo e pedir um sinônimo ou um antônimo dessa palavra. Se o grupo acertar a resposta, marca 1 ponto; se errar, perde a vez para outro grupo. Vence o grupo que marcar mais pontos.

- bonito
- bonito
- baixo
- grande
- gordo
- gordo
- simpático
- diferente
- fino
- áspero
- competente
- indiferente
- duro
- cheio

Giz de Cera/Arquivo da editora

PRODUÇÃO DE TEXTO

O ARTIGO DE DIVULGAÇÃO CIENTÍFICA

1 O texto 1, que você leu na abertura deste capítulo, é um **artigo jornalístico de divulgação científica**. Marque, entre os itens a seguir, aquele que resume melhor a finalidade de textos como esse.

- ◯ Ensinar como se faz um relatório científico.
- ◯ Expor um conteúdo científico de modo simples para qualquer pessoa interessada.
- ◯ Convencer o interlocutor do ponto de vista defendido pelo autor.
- ◯ Relatar experiências pessoais do autor.

2 O artigo foi publicado na revista *Ciência Hoje das Crianças*.

a) Logo, quem é o público leitor predominante dessa revista?

____

b) Você acha que o artigo lido alcança o público pretendido, ou seja, consegue ser bem compreendido por esse público? Por quê?

____

____

____

3 Observe que, no final do artigo, o nome das autoras e a formação universitária delas são apresentados.

a) Em que elas são formadas?

____

____

b) Veja o que se estuda nestas áreas científicas:

Meteorologia: estudo científico dos fenômenos atmosféricos cuja análise permite a previsão do tempo.

Biociências: nome genérico das ciências que estudam os seres vivos, seu ecossistema, sua evolução, formas de reprodução, etc.

c) Que relação há entre a formação das autoras e o assunto do texto?

____

____

d) Troque ideias com os colegas: Por que a formação universitária das autoras é apresentada?

____

____

____

____

4 O texto é organizado em partes e subtítulos. Considerando o tipo de público e o assunto, responda: Por que o texto foi organizado dessa forma?

____

____

____

____

____

5 Os textos de divulgação científica geralmente apresentam alguns recursos para fundamentar o que pretendem explicar, como:

- resultados de pesquisa, com números ou dados percentuais;
- tabelas, gráficos e infográficos;
- conceitos;
- relações de causa e consequência;
- citação de nomes de autoridades no assunto.

Sublinhe acima o(s) recurso(s) que foi(foram) empregado(s) no texto 1.

6. Observe as formas verbais destacadas nestas frases do texto:

- "O fogo das queimadas **é** uma prática tradicional [...]"
- "[...] muitas plantas e organismos vivos se **beneficiam** [...]"
- "O fogo, neste caso, **funciona** como um estimulante [...]"
- "[...] essas queimadas **saem** do controle e se **transformam** em... incêndios!"

a) Em que tempo verbal está a maior parte dos verbos do texto: no passado, no presente ou no futuro?

____

b) Troque ideias com os colegas: Por que a maior parte dos textos de divulgação científica faz uso desse tempo verbal?

7. Observe a linguagem do texto 1. Marque as características que ela apresenta:

( ) Linguagem clara e precisa.

( ) Emprego de gírias e expressões regionais.

( ) Linguagem de acordo com a norma-padrão.

( ) Emprego de conceitos e termos técnicos, próprios da ciência.

( ) Linguagem que busca reproduzir o modo como se fala.

8. Reúnam-se em grupo e concluam: Quais são as características básicas do artigo de divulgação científica? Respondam, levando em conta os critérios a seguir:

- finalidade do gênero:

- perfil dos interlocutores:

- suporte/veículo:

- tema:

- estrutura:

- linguagem:

AGORA É A SUA VEZ

Ao final desta unidade, você e os colegas vão produzir uma **revista de divulgação científica** sobre o meio ambiente. E agora chegou a sua vez de também informar as pessoas sobre um assunto que preocupa o mundo inteiro.

Reprodução/Revista Recreio

Reprodução/Ciência Hoje das Crianças

Reprodução/Editora Abril

Você viu, no texto sobre queimadas e incêndios, na abertura deste capítulo, que tudo no meio ambiente está conectado. Ou seja, as queimadas aumentam a concentração de gases na atmosfera (o efeito estufa), provocando o temido **aquecimento global**.

Seguindo a orientação do professor, junte-se a um ou mais colegas para escrever um artigo de divulgação científica sobre o tema, destinado a crianças. Esse texto deverá compor a revista científica que vai ser produzida pela turma. Siga as orientações a seguir.

Delimitação do tema e pesquisa

O assunto aquecimento global é muito amplo. Converse com o professor sobre um dos aspectos do tema que seu grupo pode pesquisar. Por exemplo, entre outras possibilidades, o tópico principal a ser abordado no texto pode ser delimitado em:

- principais causas do aquecimento global
- consequências do aquecimento global para o meio ambiente
- impacto do aquecimento global no Brasil e em outras partes do mundo

- medidas que vêm sendo adotadas e que ainda poderiam ser adotadas para conter o aquecimento global
- personalidades jovens ou crianças envolvidas na luta contra o aquecimento global

Definido o recorte com que seu grupo vai trabalhar, iniciem a pesquisa sobre o assunto, consultando enciclopédias, livros especializados, revistas digitais e impressas que abordam temas científicos, como *Ciência Hoje das Crianças*, *Recreio* e *Superinteressante*, além de *sites* especializados em assuntos científicos para crianças e adolescentes, como:

- http://www.museudavida.fiocruz.br/index.php/publicacoes/livros/732-tcc-39
- http://chc.org.br/
- https://www.popsci.com/

PLANEJAMENTO DO TEXTO

- Ao redigir o texto, tenham em mente o perfil dos leitores da revista: colegas de turma e de crianças de outras turmas, professores, funcionários e familiares.
- Iniciem o texto com um parágrafo de apresentação do tema e do recorte escolhido.
- Nos parágrafos seguintes, desenvolvam o recorte selecionado com explicações, conceitos, exemplos, dados estatísticos, citações de especialistas, etc.
- Criem um parágrafo para a conclusão do texto. Nele, vocês poderão fazer uma espécie de resumo das informações apresentadas ou deixar uma ideia de alerta sobre os riscos do aquecimento global ou de esperança com as medidas já adotadas.
- Deem um título atraente ao texto.
- Se encontrarem gráficos, tabelas ou ilustrações sobre o tema, reproduzam no texto, produzindo uma legenda com a fonte.
- Empreguem uma linguagem de acordo com a norma-padrão, com o uso de termos e conceitos técnicos (se necessário), adequada ao perfil da revista e do público leitor.

REVISÃO E REESCRITA

Antes de finalizar o texto, releiam-no, observando:

- O título é atraente?
- O texto explica o que é o aquecimento global e o perigo que esse fenômeno representa para o planeta?
- Há nele um desenvolvimento de ideias relacionadas ao tema ou ao recorte escolhido pelo grupo?
- As ideias foram aprofundadas com conceitos, exemplos, depoimentos, dados estatísticos, citações de especialistas, etc.?
- As ideias estão organizadas em parágrafos?
- A linguagem está fácil de ser compreendida pelo público, clara e de acordo com a norma-padrão da língua?

Façam a revisão final, alterando o que for necessário. Depois, digitem o texto, acrescentem imagens e o deixem preparado para integrar a revista científica.

DIVIRTA-SE

Transporte de água

É hora de brincar de mágica, fazendo a água se transportar para um copo vazio sem você interferir (quase) nada! Hora de diversão!

Você vai precisar de:

- uma ou duas folhas de papel-toalha
- água
- 3 copos iguais

Ilustra Cartoon/Arquivo da editora

Como fazer?

Dobre o papel-toalha formando uma tira. Arrume essa tira no formato da letra M sobre os três copos. Coloque água nos copos das pontas e deixe vazio o copo do meio. E lá vem a mágica...

(*Ciência Hoje das Crianças*, n. 318.)

CAPÍTULO 3

NÓS E A NATUREZA

LEITURA

Leia os dois textos a seguir.

TEXTO 1

Filipe Rocha/Arquivo da editora

Gralha Azul

Há uma ave bem bonita
Na região sul do Brasil
Que recebeu uma graça:
Foi tingida de anil,
Graças à sua coragem
E a sua alma tão gentil.

Repousava num pinheiro
A gralha de cor cinzenta,
Mas foi logo sacudida
De forma bem violenta!
Notou que a árvore tombava,
Sofrendo uma morte lenta...

Vendo um lenhador abaixo
Brandindo o seu machado,
Sentiu a dor do pinheiro
Tendo o tronco mutilado,
E ficou desesperada
Diante de tal pecado!

E a gralha voou tão alto,
Chegando ao firmamento,
E do infinito ouviu
Deus em voz no pensamento,
Pedindo que ela voltasse
E acabasse com o tormento.

"Retorne, ave bondosa,
Pois a terra é seu lugar.
Ajude a araucária
As sementes espalhar.
Leve um pedaço do céu
Nas penas, pra te inspirar."

Então a gralha azulou
E seguiu a sua sina,
Pôs-se a semear pinhões
Por toda a terra sulina.
Desde então dedica a vida
A essa missão divina.

(Mario Bag. *Mitos e lendas do folclore do Brasil*. São Paulo: Paulinas, 2013. p. 58.)

TEXTO 2

Interação entre aves e sementes preserva ecossistemas da Mata Atlântica

Por Carolina Pulice

O Parque Estadual Intervales é uma unidade de conservação localizada no sul do estado de São Paulo. [...] Foi nessa região que a bióloga Mariana Morais Vidal estudou as interações entre aves e os frutos que elas consomem, promovendo assim a dispersão das sementes. [...]

Araçari-banana.

Sergio Re.Oli/Shutterstock

A pesquisa usou a abordagem de redes complexas para descrever as interações entre aves e os frutos que elas consumiam. [...]

Mariana identificou que as aves em risco mais alto de extinção, como o Araçari-banana e o Corocochó, tendem a ser mais importantes para a organização das redes de interação do que espécies de aves consideradas em situação menos preocupante segundo a IUCN (International Union for Conservation of Nature). [...]

Mas não é somente nas espécies em maior risco de extinção que reside a importância da interação entre plantas e aves. As aves são um dos mais importantes agentes de dispersão de sementes, contribuindo para a dinâmica das populações de plantas e, portanto, para a sua conservação nos mais variados ecossistemas. [...] Para a pesquisadora, este reconhecimento pode aumentar as chances de sucesso, a longo prazo, de práticas que visam à conservação dos ecossistemas.

interação: influência mútua, recíproca, entre dois organismos que se relacionam.

(Disponível em: http://www.usp.br/aun/antigo/exibir?id=7340&ed=1276&f=61. Acesso em: 15/3/2021.)

OS SENTIDOS DOS TEXTOS

1 Os dois textos lidos têm estruturas diferentes.

a) Qual deles está dividido em frases e parágrafos?

____

b) Qual deles está dividido em versos e estrofes?

____

c) Há rimas nos textos? Justifique sua resposta com exemplos.

____

____

____

d) Indique, pelo número, qual dos textos é:

( ) uma notícia. ( ) uma lenda.

2 Conforme o texto 1:

a) A qual classe de animais pertence a gralha?

( ) mamíferos ( ) répteis

( ) aves

b) Em que lugar vive a gralha?

____

c) Qual é a cor da gralha? De que cor ela era antes da mudança de cor?

____

d) Por que ela mudou de cor?

____

3 O texto narra um fato violento ocorrido com a gralha.

a) Onde ela estava quando ocorreu esse fato? O que ela fazia?

____

b) Quem foi o responsável pelo ocorrido? O que ele fez?

____

____

c) O que a gralha sentiu ao se ver nessa situação?

____

____

4 Depois do ocorrido, a gralha voou muito alto.

a) Ela voou tão alto que chegou aonde?

____

____

____

Claudio Kayatt/Shutterstock

A araucária é conhecida como o pinheiro do Brasil. Muito comum na região Sul do país, é considerada a árvore-símbolo do Estado do Paraná.

b) Ao chegar a esse lugar, a gralha ouve uma voz divina. Que missão essa voz dá à gralha?

____

____

c) Explique oralmente: Qual é a relação da cor azul da gralha com esse acontecimento?

5 O texto 2 apresenta um estudo.

a) Do que trata esse estudo?

____

____

b) Em que lugar ele foi feito?

____

____

c) Quem realizou o estudo? Qual é a formação dessa pessoa?

____

d) Troque ideias com os colegas e o professor e conclua: O que é o processo de dispersão de sementes mencionado no texto? Responda oralmente.

6 O texto 2 cita o nome de duas aves brasileiras, que estão em alto risco de extinção e que fazem um trabalho semelhante ao da gralha-azul.

a) Que aves são essas? Circule no texto.

b) Para indicar que as aves estão ou não em risco de extinção, o texto cita uma instituição internacional. Que instituição é essa? Sublinhe no texto.

c) Troque ideias com os colegas e o professor: Que efeito a citação de nomes específicos de aves e de uma instituição internacional cria no texto?

7 A pesquisa mencionada no texto 2 concluiu que:

( ) apenas aves em maior risco de extinção contribuem para o processo de dispersão de sementes.

( ) as aves em geral são importantes agentes no processo de dispersão de sementes.

( ) reconhecer a importância dessa interação entre aves e sementes contribui para manter viva a lenda da gralha-azul.

( ) reconhecer a importância dessa interação entre aves e sementes contribui para conservar florestas e ecossistemas.

( ) as aves em risco de extinção contribuem ainda mais para a disseminação das sementes.

8 O tema da pesquisa apresentada no texto 2 tem um ponto em comum com a história contada no texto 1. O que há em comum no trabalho que os animais citados nos dois textos fazem na natureza?

____

____

____

A LINGUAGEM DOS TEXTOS

1 Os dois textos lidos apresentam vozes de outras pessoas e de outros personagens, além da voz do autor ou do narrador dos textos.

a) No texto 1, circule o trecho que apresenta o que a voz disse à gralha.

b) Que sinal de pontuação é utilizado para marcar a fala que não é do narrador?

___

c) Troque ideias com os colegas e o professor e responda oralmente: Quais vozes aparecem no texto da notícia?

2 Os dois textos que você leu tratam do mesmo assunto, mas de formas diferentes.

a) Que assunto é esse? Marque:

- ( ) A mudança de cor na penugem das aves.
- ( ) O problema do desmatamento das florestas.
- ( ) O processo de dispersão de sementes pelas aves.

b) Qual dos textos aborda o assunto de forma científica?

___

c) Qual dos textos aborda o assunto com base em uma crença popular?

___

d) Marque com **AC** os termos e as expressões associados à ABORDAGEM CIENTÍFICA do tema e com **CP** os termos e as expressões associados a uma CRENÇA POPULAR.

( ) missão divina

( ) diante de tal pecado

( ) conservação dos ecossistemas

( ) seguiu a sua sina

( ) unidade de conservação

( ) risco de extinção

( ) pedaço do céu

( ) redes de interação

TROCANDO IDEIAS

Você leu e comparou dois textos que tratam de um fenômeno, a dispersão de sementes pelas aves, de duas formas distintas: uma lenda, que conta uma história ficcional (inventada) e uma notícia de divulgação científica, que relata fatos que aconteceram.

1. Você conhece uma lenda ou história que aborde um fenômeno da natureza explicado de forma diferente da ciência? Conte para os colegas e o professor.

2. O desmatamento e a conservação da natureza também são assuntos mencionados nos dois textos. Você já presenciou ou viu na TV ou na internet situações de desmatamento ou de preservação da natureza? Conte para os colegas e o professor.

REFLEXÃO SOBRE A LINGUAGEM

CARACTERÍSTICAS DA FALA EM SITUAÇÕES FORMAIS DE EXPOSIÇÃO ORAL

Ao longo deste ano, você estudou teatro e jornal televisivo e percebeu a importância da fala nessas situações, além dos cuidados que se deve ter ao fazer uma apresentação de textos teatrais e/ou de notícias para o público.

Na abertura deste capítulo, você leu o texto de uma lenda e uma notícia sobre uma pesquisa científica. Quando um estudioso realiza uma pesquisa científica ou um projeto de trabalho, é comum haver situações nas quais é preciso expor as atividades realizadas e os resultados obtidos, como participar de uma exposição oral.

Assista à exposição oral intitulada "Um diálogo entre crianças de São Paulo e da Amazônia", apresentada no I Seminário Criança e Natureza, disponível no YouTube.

(Disponível em: https://www.youtube.com/watch?v=s7c4OBc1Nvk&list=PLwtaWcfcrGsbNbwD_X30KJeodF-uGThaR&index=10. Acesso em: 15/3/2021.)

1 A situação na qual a exposição oral em estudo ocorre pode ser considerada:

( ) extremamente formal, na qual os falantes expõem suas ideias dizendo um texto escrito que foi decorado.

( ) totalmente informal e espontânea, sem planejamento anterior, na qual os falantes expõem suas ideias de improviso.

( ) formal e planejada, na qual os falantes expõem suas ideias com o apoio de textos escritos anteriormente.

Leia a seguir a transcrição de um trecho da fala de Sylvia Guimarães no I Seminário Criança e Natureza para responder às questões 2 a 6.

> "[...] eu vô contá um pouquinho para vocês então do programa Rede, eu tô muito feliz por tá acompanhada aqui por essas... essas duas pérolas, Julia e Pedro. Então, a... a Vaga Lume, essa foto aí representa bem o que a gente vem tentando fazê, essa conexão entre uma comunidade ribeirinha no interior do Pará e a nossa, minha cidade natal, São Paulo. A Vaga Lume nasceu... ih, eu esqueci essa... isso, brigada [...]."

2 Mesmo em situações formais e de fala planejada e monitorada, há características que são comuns na fala de muitos brasileiros.

a) Faça a correspondência entre a fala e a forma escrita das palavras a seguir.

vô	está
tô	vou
tá	estou

b) Qual das palavras a seguir foi grafada de forma diferente da escrita-padrão para representar a fala? Marque:

- ◯ vocês
- ◯ cidade
- ◯ muito
- ◯ brigada

c) Como a palavra que você assinalou no item **b** deve ser grafada em um texto escrito que não tenha o objetivo de representar a fala de uma pessoa?

____

d) Troque ideias com os colegas e o professor: Como você costuma pronunciar essas palavras no dia a dia?

3 Compare a pronúncia e a grafia destas palavras, que foram empregadas na fala analisada:

contá fazê interior

a) Quais dessas palavras estão grafadas de forma diferente da escrita-padrão para representar a fala? Circule-as.

b) Como as palavras que você circulou no item **a** devem ser grafadas em um texto escrito que não tenha o objetivo de representar a fala de uma pessoa?

____

c) A pessoa que fala indica a cidade de origem dela, São Paulo. O lugar onde vivemos também pode influenciar nosso modo de falar. Troque ideias com os colegas e o professor: Qual dessas três palavras tem a pronúncia influenciada pela cidade de origem da falante? Por quê?

d) Responda oralmente: Como você costuma pronunciar essas palavras? Há alguma diferença entre a sua pronúncia e a da pessoa que fala no vídeo? E as pronúncias dos colegas de turma, são todas iguais?

e) Você conhece alguém que pronuncia essas palavras de outra forma? Conte para os colegas.

4 Observe a forma como a pessoa que fala se refere às crianças que a acompanham.

a) Que palavra ela usa para se referir às crianças, além dos nomes delas? Que significado tem essa palavra? Se julgar necessário, consulte um dicionário.

____

____

____

b) O que o uso dessa palavra indica sobre o sentimento que ela tem pelas crianças?

Reprodução/Youtube

____

____

____

5 Quando falamos, mesmo tendo planejado essa fala anteriormente, é comum haver repetições ou reelaborações de ideias. Converse com os colegas e o professor e sublinhe, no trecho da fala transcrita, as partes nas quais a pessoa que fala repete ou reelabora o que está dizendo.

6 Relacione a última frase do trecho em análise com o vídeo.

a) O que a palavra **ih** indica nesse contexto?

____

b) A qual objeto se referem as palavras **essa/isso**?

____

c) Sylvia — a pessoa que está falando — agradece por quê? A quem ela se dirige?

____

____

DE OLHO NA LEITURA E NA ESCRITA: EMPREGO DE -AGEM, -OSO, -ISAR, -IZAR

Observe, no quadro a seguir, algumas palavras empregadas nos textos que vocês leram no estudo de abertura deste capítulo.

abordagem	pesquisa	bondosa	
organização	localizada	dinâmica	visam

1 As terminações **-oso** e **-agem** acrescentam outros sentidos a algumas palavras. Veja alguns exemplos:

- cheiro + oso = cheiroso
- zelo + oso = zeloso
- tirar + agem = tiragem
- rodar + agem = rodagem

a) Você sabe qual é o sentido dessas terminações? Observe os exemplos, troque ideias com os colegas e o professor e complete corretamente as frases a seguir. Se julgar necessário, consulte um dicionário.

- A terminação ________ indica que algo existe em abundância.
- A terminação ________ indica uma ação ou o efeito de uma ação.

b) Responda oralmente: Qual é o sentido de cada uma das palavras formadas nos exemplos?

c) Quais palavras do quadro da página 320 têm o mesmo processo de formação dos exemplos que você viu nesta questão? Copie-as e dê os significados delas.

____

____

2 Algumas dessas palavras têm a terminação **-oso**, e outras, **-osa**. Por que isso acontece? Explique oralmente.

3 Que outras palavras terminadas em **-oso** ou **-agem** você conhece?

____

____

____

4 A partir da palavra **pesquisa** é formado um verbo. Veja:

pesquisa + ar = pesquisar

a) Forme outros verbos, acrescentando a terminação **-ar** às palavras:

- análise ____________
- friso ____________
- paralisia ____________
- aviso ____________

b) Que outra palavra do quadro da página anterior é uma forma derivada de um verbo que tem a terminação **-isar**? Pinte essa palavra no quadro e escreva o verbo de que ela deriva.

____

5 Na língua portuguesa, existem também verbos terminados em **-izar**. Veja como eles são formados:

canal + izar = canalizar

urbanø + izar = urbanizar

a) Troque ideias com os colegas e o professor: Quais palavras do quadro da página 320 são da mesma família de verbos terminados em **-izar**? Escreva as palavras e os verbos.

____

____

b) Forme verbos, acrescentando a terminação **-izar** às palavras:

- central ______________
- valor ______________
- popular ______________
- útil ______________
- moderno ______________

6 Todos os verbos que você formou na questão 5 apresentam a letra **s** ou a letra **z** na última sílaba?

____

7 Observe os verbos que você formou nas questões anteriores, compare-os e conclua:

a) Quando os verbos apresentam a terminação **-isar**?

____

____

b) Quando os verbos apresentam a terminação **-izar**?

____

____

8 Leia o poema visual a seguir.

Ibaque/Acervo do artista

(Disponível em: https://www.ibaque.art/poemas?lightbox=dataItem-ki0yw4we. Acesso em: 15/3/2021.)

a) Troque ideias com os colegas e o professor e conclua: Quais palavras compõem esse poema?

b) Observe o formato e a distribuição das letras na página: O que eles representam?

____

____

c) Nos exercícios anteriores, você estudou algumas terminações de palavras do português. Que palavra do poema forma outra palavra com uma dessas terminações? Escreva:

______________	+	______________	=	______________
palavra do poema		terminação		palavra nova

d) Qual é o significado da palavra que você formou no item **c**?

____

____

BRINCANDO COM PALAVRAS

1 Vamos brincar de forca? Junte-se a um colega e desenhem no caderno uma forca. Depois, embaixo dela, escrevam a primeira e a última letra da palavra a ser descoberta. Criem lacunas para as letras que faltam. Dividam os itens a seguir de forma que cada um fique responsável por dois deles, sem que o outro veja as dicas.

a) palavra da família de **amor**, com sete letras

primeira letra: A

última letra: O

____

Ilustra Cartoon/Arquivo da editora

b) palavra da família de **moderno**, com dez letras

primeira letra: M

última letra: R

____

c) palavra da família de **sabor**, com oito letras

primeira letra: S

última letra: O

____

d) palavra da família de **análise**, com oito letras
primeira letra: A
última letra: R

____

2 Fui formada a partir de que palavra?

a) misterioso
De mistura, miséria ou mistério?

____

b) estudioso
De estúdio, estudo ou estado?

____

Ilustra Cartoon/Arquivo da editora

c) dosagem
De doar, dourar ou dosar?

____

d) desastroso
De desatar, desativar ou desastre?

____

e) espantoso
De espanto, espera ou espantalho?

____

f) listagem
De alisar, listar ou livrar?

____

3 Máquina de palavras

Ligue as palavras à máquina com a terminação correta e, em seguida, escreva do outro lado, na linha correspondente, o verbo formado.

suave

piso

real

imune

reprise

ágil

ameno

improviso

JULIE LUCHT/ Shutterstock

PRODUÇÃO DE TEXTO

EXPOSIÇÃO ORAL

Reveja o vídeo que você estudou na seção **Reflexão sobre a linguagem** deste capítulo e responda às questões a seguir.

1 Após a introdução feita pela mestra de cerimônias do evento, as pessoas que vão falar entram no palco.

a) Quantas pessoas fazem a exposição?

b) Quantas são adultas e quantas são adolescentes?

____

____

c) Quem fala durante a maior parte do tempo?

____

d) Entre as opções a seguir, marque com **M** o que é feito pela mulher adulta e com **AD** o que é feito por adolescente.

( ) Apresenta o projeto.

( ) Agradece aos organizadores do evento.

( ) Mostra mapas e dados.

( ) Conta sua experiência como participante do projeto.

( ) Conta parte da própria história de vida.

( ) Fala sua idade.

( ) Encerra a exposição.

( ) Agradece ao público.

2 O nome do projeto está diretamente relacionado à ideia das idealizadoras dele.

a) Qual é o nome do projeto apresentado na exposição?

____

b) Segundo a oradora, o nome foi escolhido por diversos motivos. Responda oralmente: Quais são esses motivos?

3 Uma das apresentadoras mostra o mapa abaixo durante a exposição.

(Disponível em: https://www.vagalume.org.br/anexos/relatorio_2013.pdf. Acesso em: 15/3/2021.)

a) De onde é esse mapa?

____

b) Para qual cor do mapa ela chama a atenção? O que essa cor representa?

____

____

____

____

c) Troque ideias com os colegas e o professor e responda oralmente: O que a apresentadora pretende mostrar com esse mapa?

4 O projeto apresentado nessa exposição oral tinha inicialmente um objetivo, que se alterou ao longo da execução.

a) Qual era o objetivo inicial do projeto?

- ◯ Construir escolas na região da Amazônia Legal.
- ◯ Levar crianças para conhecer a região da Amazônia Legal.
- ◯ Criar bibliotecas infantis na região da Amazônia Legal.

b) No decorrer do projeto, essa ideia inicial se modificou e ele passou a:

- ◯ levar crianças e adolescentes que vivem no campo para conhecer as grandes cidades e todas as vantagens e comodidades oferecidas pelos centros urbanos.
- ◯ levar crianças e adolescentes que vivem em grandes centros urbanos para conhecer a Amazônia e experimentar os benefícios da natureza para a vida humana.
- ◯ promover a troca de conhecimentos e experiências entre crianças e adolescentes que vivem suas infâncias em realidades diferentes, considerando a convivência com a natureza.

5 Em situações de exposição oral, há possibilidades diferentes de interagir com o público e conduzir a fala. Na exposição oral em estudo:

a) Qual é a primeira coisa que cada um dos oradores diz ao começar suas falas?

____

____

____

____

Erik Isakson/Getty Images

b) E ao final da apresentação, o que todos eles dizem?

____

____

____

____

6 Os gestos e os movimentos também orientam o público quando fazemos uma exposição oral. Observem os gestos e os movimentos dos oradores na exposição em estudo.

a) Os oradores falam de pé ou sentados?

____

____

____

____

b) Enquanto falam, os oradores interagem com os *slides*? De que forma isso acontece?

____

____

____

____

____

c) Enquanto falam, de que formas os oradores interagem com o público? Marque:

- ◯ Olham apenas para a responsável pelo evento.
- ◯ Olham apenas uns para os outros.
- ◯ Olham para a plateia como um todo.
- ◯ Sorriem ou ficam mais sérios conforme o conteúdo da fala.
- ◯ Ficam extremamente sérios o tempo todo.
- ◯ Riem muito e contam várias piadas.
- ◯ Gesticulam de forma discreta e equilibrada.
- ◯ Acenam para a plateia, dando tchauzinho com as mãos.

7 Leia a transcrição de algumas partes da exposição oral em estudo:

Eu vô lê aqui, é, aqui tem um trecho de alunos pequenos, de educação infantil, sobre os bichos [...] vô lê o dos peixes, do lado de lá [...].

Reprodução/Vagalume.org.br

Então, nessa toada das conversas sobre a natureza, a gente foi criando coragem e foi colocando esses... essas crianças, esses jovens, pra, além de escreverem cartas entre si, também se encontrarem, eu vô passá a palavra agora pra eles um pouco e... ahm, tá, depois eu retomo. Vamô lá. Julia.

[...]

Então pra fechá, é, eu gostaria de pedi pra passá um vídeo, que quando a gente consegue [...], a gente faz um acampamento pra que algumas dessas crianças se encontrem, ao final do ano, e aí eu gostaria de passá o vídeo do acampamento [...].

Ah, é isso. Aqui tem alguns números do programa, né, do que a gente já conquistô, e vale a pena dizê que [...] esse programa recebeu um prêmio nas Nações Unidas, que é um prêmio de inovação intercultural.

Nas partes transcritas:

a) Pinte dois trechos nos quais a oradora faz referência aos conteúdos apresentados nos *slides*.

b) Quando a oradora passa a palavra para outra pessoa, ela usa algumas expressões para isso. Sublinhe um trecho em que isso ocorre.

c) Circule as palavras e expressões que foram escritas de forma diferente da grafia-padrão a fim de reproduzir a forma como são pronunciadas na fala.

8 Troque ideias com os colegas e o professor e marque com um X, entre as opções a seguir, aquelas que descrevem melhor as características da linguagem empregada na exposição oral em estudo.

Reprodução/Vagalume.org.br

( ) Trata-se de uma forma de falar que, mesmo com algumas diferenças em relação à norma-padrão escrita, não é vista com preconceito, porque é valorizada na sociedade e comum em situações formais de interação oral.

( ) Os oradores usam as palavras exatamente da forma como elas aparecem em textos escritos que seguem a norma-padrão, porque se trata de um evento formal.

( ) Os oradores usam expressões típicas da fala e pronunciam algumas palavras de forma diferente de como elas são escritas em textos que seguem a norma-padrão.

( ) Os oradores usam muitas gírias e palavras que são conhecidas apenas na região do país onde eles vivem.

9 Ao final da apresentação, a oradora mostra um *slide* com alguns dados sobre o projeto.

a) Complete:

Desde ____________, mais de ____________ educadores foram formados, mais de 1700 ____________________ participaram do projeto e foram organizados ____________________ , envolvendo mais de 25 instituições da cidade de ____________________.

b) Deduza: Qual é a importância desses dados em uma exposição oral sobre o projeto?

____

____

____

____

c) A oradora destaca um prêmio recebido pelo projeto. De qual organização é esse prêmio? Marque:

- ( ) da Organização Mundial de Saúde (OMS)
- ( ) do Governo Federal Brasileiro
- ( ) da Organização das Nações Unidas (ONU)

10 Reúna-se em grupo com os colegas e anotem as características básicas da exposição oral. Levem em conta os seguintes critérios:

- finalidade do texto:

____

____

____

- perfil dos interlocutores:

____

____

____

- suporte/veículo:

- temas abordados:

- estrutura:

- linguagem:

AGORA É A SUA VEZ

Nesta unidade, você e os colegas realizaram pesquisas e produziram textos para compor uma revista científica. Para divulgar o lançamento da revista, vocês vão organizar um seminário, no qual também apresentarão, por meio de uma exposição oral, as pesquisas que realizaram.

Reúna-se em grupo com os colegas e escolham um dos tópicos a seguir, ou outro que preferirem, para ser o tema central da exposição oral de vocês.

- O trabalho de elaboração dos verbetes.
- O trabalho de elaboração dos textos de divulgação científica.
- O tema do seu verbete ou do seu texto de divulgação científica.
- Outro tema relacionado ao meio ambiente.

Na exposição oral, vocês podem optar por contar como se deu o processo de elaboração, quem ficou responsável por qual parte, como o trabalho em grupo foi realizado, etc., ou podem optar por desenvolver e expor o tema abordado nos textos que vocês escreveram nos capítulos anteriores.

AÍ, NÉ? AAAHM...

Como você viu ao longo deste capítulo, há palavras e expressões, como as que dão título a este boxe, que são típicas e comuns na fala, mesmo em situações formais. Entretanto, quando se trata de uma fala pública em um evento científico, como um seminário, é conveniente que esse tipo de expressão não apareça nas falas dos oradores de forma muito repetitiva.

PLANEJAMENTO DO TEXTO

- Escolham qual será o tema da exposição oral de vocês.
- Dividam o grupo de forma que cada integrante fique responsável por uma parte da apresentação.
- Preparem o início da fala, que será feita pelo primeiro participante. Em nome da equipe ele deve apresentar o grupo, cumprimentar todos os presentes e agradecer aos responsáveis pelo evento, pela oportunidade de expor o trabalho de vocês.

- Deixem claro, já no início, qual será o tema da exposição.
- Preparem textos de apoio, como mapas, gráficos, infográficos, fotografias, vídeos, que complementem o conteúdo da fala.
- Verifiquem se a quantidade de informações que vocês pretendem expor está de acordo com o tempo disponível para a fala.
- Estudem individualmente a parte da apresentação pela qual cada um ficou responsável. Se necessário, façam anotações em uma folha pequena para usar de apoio, caso esqueçam alguma parte, mas não leiam o papel, falem espontaneamente, de acordo com o que estudaram.
- Finalizem a apresentação retomando e resumindo o que foi exposto ou indicando planos futuros sobre o tema apresentado.

Giz de Cera/Arquivo da editora

ENSAIO E APRESENTAÇÃO DA EXPOSIÇÃO ORAL

- Façam as apresentações e os agradecimentos no início da exposição oral.

- Indiquem de forma clara o tema da apresentação.
- Apresentem-se preferencialmente de pé, sem se apoiar em paredes ou móveis disponíveis no espaço da apresentação. Se houver cadeiras no ambiente, combinem se apenas o integrante que fala ficará de pé ou se o grupo todo ficará de pé durante a apresentação.
- Utilizem expressões que marcam a transição da palavra para outro integrante do grupo e observem se, ao receber a palavra, o novo participante deixa clara a ligação entre o que ele vai falar e o que acabou de ser falado.
- Comentem os textos de apoio utilizados e a relação deles com o que vocês estão falando. Evitem lê-los de forma mecânica, interajam com eles, apontando e mostrando o que cada parte deles representa enquanto comentam.
- Coordenem a quantidade de informações com o tempo disponível para a fala de cada integrante do grupo.
- Finalizem agradecendo ao público pela atenção.
- Ensaiem para verificar a adequação dos itens aqui enumerados. Se possível, gravem o ensaio em vídeo e assistam, a fim de que vocês possam avaliar de forma mais adequada os pontos que podem ser melhorados.

Apresentem a versão final da exposição oral no seminário.

TOMADA DE NOTAS DURANTE A EXPOSIÇÃO

Ao assistir a uma exposição oral, você pode fazer anotações sobre o que o apresentador fala, especialmente quando não entende ou discorda de algum ponto. Você também pode anotar ideias interessantes e fontes para futuras pesquisas. Além disso, é comum que, nesse tipo de evento, ao final, seja aberto um espaço para as perguntas do público. Nessa hora, se quiser, você pode se manifestar com base nas anotações que fez.

Que tal fazer anotações ao ver as apresentações dos outros grupos da turma?

DIVIRTA-SE

Tente decifrar estas charadas relacionadas com a natureza:

- Por que o pinheiro não se perde na floresta?

  Porque ele tem UMA PINHA (um mapinha).

- Qual é o rio mais azedo do mundo?

  O rio SOLIMÕES (só limões).

- O que acontece quando uma cobra deve dinheiro a outra?

  A cobra cobra a cobra.

- Qual é a fruta amiga de todo o mundo?

  A uva "parça".

- O que é que pode passar na frente do Sol sem fazer sombra?

  O vento.

Ilustra Cartoon/Arquivo da editora

OFICINA DE CRIAÇÃO

PROJETO: DIVULGANDO A NATUREZA

Nesta unidade, você e os colegas leram e produziram verbetes enciclopédicos e textos de divulgação científica e prepararam e realizaram exposições orais sobre o meio ambiente e a preservação da natureza.

Agora, vamos reunir as produções de vocês em uma revista de divulgação científica e organizar um seminário para o lançamento dessa revista. Nesse evento, vocês vão realizar as exposições orais da turma.

O QUE É UM SEMINÁRIO?

Seminário é um evento científico no qual várias atividades podem ocorrer entre elas o lançamento de uma revista e exposições orais. Palestras e apresentações culturais também podem compor um seminário.

Courtney Hale/E+/Getty Images

1. Convidando para o seminário

Produzam um convite para chamar os colegas de outras turmas, professores, funcionários e familiares para o seminário. Criem convites individuais em papel a serem distribuídos ou um cartaz a ser afixado em um local bem visível. Vocês também podem enviar o convite em formato digital por mensagem, escrito ou oral.

2. Organizando o horário das exposições orais

Em um cartaz, façam uma tabela com a lista dos títulos das exposições orais informando também o horário em que serão realizadas para que o público se organize para assistir.

Caso algum familiar, professor ou conhecido da turma seja um especialista em algum tema relacionado ao meio ambiente, vocês podem convidá-lo para realizar a palestra de abertura do seminário.

Giz de Cera/Arquivo da editora

3. Reunindo o material produzido e montando a revista

Reúnam os verbetes de enciclopédia que a turma produziu no capítulo 1. Coloquem os verbetes em ordem alfabética ou em ordem temática, formando uma pequena enciclopédia. Ela será anexada ao final da revista.

Juntem os textos de divulgação científica escritos no capítulo 2. Escolham uma ordem para eles aparecerem na revista.

Vocês podem pesquisar outros textos relacionados ao tema para compor a revista — infográficos, verbetes de curiosidade, notícias e reportagens. Não se esqueçam de apresentar a fonte de onde esses textos foram retirados.

Façam uma capa ilustrada para a revista. Na parte superior, escrevam o título e o nome dos autores (por exemplo: Alunos do 4º ano A). Grampeiem as folhas com a capa ou providenciem a encadernação do material.

Reprodução/Editora Abril

Reprodução/Ciência Hoje das Crianças

Reprodução/Revista Recreio

4. Preparando o evento

worldclassphoto/Shutterstock

Com o professor, decidam o lugar para a realização do seminário. Pode ser a sala de aula, o auditório ou outro ambiente da escola.

Preparem uma mesa de destaque para expor a revista de divulgação científica. Coloquem cadeiras em volta da mesa para que os visitantes possam se sentar enquanto manuseiam a revista.

Distribuam nas paredes cartolinas com figuras relacionadas ao tema: fotografias da Floresta Amazônica, bichos famosos, ecossistemas desmatados, rios, etc.

Organizem o espaço para a realização das exposições orais. Na entrada da sala, usem um *datashow*, uma lousa ou outro recurso e disponham as cadeiras para o público se sentar e assistir.

Giz de Cera/Arquivo da editora

BIBLIOGRAFIA

- BAGNO, Marcos. *Nada na língua é por acaso*: por uma pedagogia da variação linguística. São Paulo: Parábola, 2007.
- BAGNO, Marcos. *Preconceito linguístico*. 2. ed. São Paulo: Loyola, 1999.
- BAKHTIN, Mikhail. *Marxismo e filosofia da linguagem*. São Paulo: Hucitec, 1979.
- BAKHTIN, Mikhail. Os gêneros do discurso. *In*: BAKHTIN, Mikhail. *Estética da criação verbal*. 2. ed. São Paulo: Martins Fontes, 1997.
- BATISTA, Antônio Augusto G. *Aula de português*. São Paulo: Martins Fontes, 2001.
- BECHARA, Evanildo. *Moderna gramática portuguesa*. 37. ed. Rio de Janeiro: Lucerna, 2004.
- BRAIT, Beth (org.). *Bakhtin*: conceitos-chave. São Paulo: Contexto, 2005.
- BRANDÃO, Helena Nagamine (org.). *Gêneros do discurso na escola*. São Paulo: Cortez, 2000. v. 5.
- BRASIL. Secretaria de Educação Fundamental. *Parâmetros Curriculares Nacionais*: língua portuguesa. Brasília, DF: MEC/SEF, 1997.
- BRONCKART, Jean-Paul. *Atividade de linguagem, textos e discursos*. São Paulo: Educ, 1999.
- BUNZEN, Clecio; MENDONÇA, Márcia (org.). *Português no Ensino Médio e formação do professor*. São Paulo: Parábola, 2006.
- COSCARELLI, Carla V. (org.). *Tecnologias para aprender*. São Paulo: Parábola, 2016.
- DIONISIO, Angela P.; MACHADO, Anna R.; BEZERRA, Maria A. *Gêneros textuais & Ensino*. Rio de Janeiro: Lucerna, 2002.
- FÁVERO, Leonor; KOCH, Ingedore. *Linguística textual*. 2. ed. São Paulo: Cortez, 1988.
- ILARI, Rodolfo. *Introdução à semântica*: brincando com a gramática. São Paulo: Contexto, 2001.
- ILARI, Rodolfo. *Introdução ao estudo do léxico*: brincando com as palavras. São Paulo: Contexto, 2002.
- ILARI, Rodolfo; GERALDI, J. W. *Semântica*. 3. ed. São Paulo: Ática, 1987.
- ILARI, Rodolfo; BASSO, Renato. *O português da gente*: a língua que estudamos, a língua que falamos. São Paulo: Contexto, 2006.
- KLEIMAN, Angela B.; MORAES, Silvia E. *Leitura e interdisciplinaridade*. Campinas: Mercado de Letras, 1999.
- KLEIMAN, Angela B.; SEPULVEDA, C. *Oficina de gramática*: metalinguagem para principiantes. Campinas: Pontes, 2012.
- KOCH, Ingedore Villaça. *O texto e a construção dos sentidos*. 9. ed. São Paulo: Contexto, 2008.
- KOCH, Ingedore Villaça; TRAVAGLIA, Luiz C. *A coerência textual*. São Paulo: Contexto, 1991.
- KOCH, Ingedore Villaça; TRAVAGLIA, Luiz C. *Texto e coerência*. 4. ed. São Paulo: Cortez, 1995.
- MAINGUENAU. *Análise de textos de comunicação*. São Paulo: Cortez, 2001.
- MARCUSCHI, Luiz Antônio; XAVIER, Antônio Carlos. *Hipertexto e gêneros digitais*: novas formas de construção do sentido. Rio de Janeiro: Lucerna, 2004.
- MORAIS, Artur Gomes de. *Ortografia*: ensinar e aprender. 4. ed. São Paulo: Ática, 2003.
- NEVES, Maria Helena Moura. *Gramática de usos do português*. São Paulo: Ed. da Unesp, 2000.
- NEVES, Maria Helena Moura. *Guia de uso do português*: confrontando regras e usos. São Paulo: Ed. da Unesp, 2003.
- PERINI, Mário. *A gramática descritiva do português*. 2. ed. São Paulo: Ática, 1996.
- PERRENOUD, Philippe. *Construir as competências desde a escola*. Porto Alegre: Artmed, 1999.
- ROJO, Roxane (org.). *A prática de linguagem em sala de aula*: praticando os PCNs. São Paulo: Educ; Campinas: Mercado de Letras, 2000.
- SCHNEUWLY, Bernard; DOLZ, Joaquim. *Gêneros orais e escritos na escola*. Tradução de Roxane Rojo e Glaís Sales Cordeiro. Campinas: Mercado de Letras, 2004.
- SOLÉ, Isabel. *Estratégias de leitura*. 6. ed. Porto Alegre: Artmed, 1998.
- TRAVAGLIA, Luiz Carlos. *Gramática*: ensino plural. São Paulo: Cortez, 2003.
- TRAVAGLIA, Luiz Carlos. *Gramática e interação*: uma proposta para o ensino de gramática no 1º e 2º graus. São Paulo: Cortez, 1996.
- VYGOTSKY, L. S. *Pensamento e linguagem*. São Paulo: Martins Fontes, 1993.